RACONTE-MOI

GEORGES ST-PIERRE

La collection Raconte-moi *est une idée originale de Louise Gaudreault et de Réjean Tremblay.*

Éditrice-conseil : Louise Gaudreault
Coach d'écriture : Réjean Tremblay
Coordination éditoriale : Jennifer Tremblay
Direction artistique : Julien Rodrigue
Illustrations : François Couture
Photo référence pour l'illustration de couverture : Brandon Magnus/Zuffa LLC/ Zuffa LLC par l'entremise de Getty Images
Design graphique : Christine Hébert
Infographie : Johanne Lemay
Révision : Lise Duquette
Correction : Brigitte Lépine et Hélène Ricard

Catalogage avant publication de Bibliothèque et Archives nationales du Québec et Bibliothèque et Archives Canada

Guay, Jonathan, auteur

Georges St-Pierre / Jonathan Guay.

(Raconte-moi ; 33)
Comprend des références bibliographiques.

ISBN 978-2-89754-129-3

1. St-Pierre, Georges, 1981- - Ouvrages pour la jeunesse. 2. Pratiquants des arts martiaux - Québec (Province) - Biographies - Ouvrages pour la jeunesse. I. Titre. II. Collection : Raconte-moi ; 33.

GV1113.S23G82 2018 j796.8092
C2018-941554-1

10-18

Imprimé au Canada

Dépôt légal : 2018
Bibliothèque et Archives nationales du Québec

ISBN (version papier) 978-2-89754-129-3
ISBN (version numérique) 978-2-89754-151-4

DISTRIBUTEUR EXCLUSIF :

Pour le Canada et les États-Unis :
MESSAGERIES ADP inc.*
2315, rue de la Province
Longueuil, Québec J4G 1G4
Téléphone : 450-640-1237
Télécopieur : 450-674-6237
Internet : www.messageries-adp.com
* filiale du Groupe Sogides inc.,
filiale de Québecor Média inc.

Gouvernement du Québec – Programme de crédit d'impôt pour l'édition de livres – Gestion SODEC – www.sodec.gouv.qc.ca

L'Éditeur bénéficie du soutien de la Société de développement des entreprises culturelles du Québec pour son programme d'édition.

Conseil des Arts du Canada | Canada Council for the Arts

Nous remercions le Conseil des Arts du Canada de l'aide accordée à notre programme de publication.

Financé par le gouvernement du Canada
Funded by the Government of Canada
Canada

Nous reconnaissons l'aide financière du gouvernement du Canada par l'entremise du Fonds du livre du Canada pour nos activités d'édition.

Jonathan Guay

RACONTE-MOI

GEORGES ST-PIERRE

petit homme
Une société de Québecor Média

À Bruno, Linda et Julie

NEW YORK
CITY
217
CHAMPION

PRÉAMBULE

NEW YORK, 4 NOVEMBRE 2017

23 h 30. Georges est assis dans le coin d'un vestiaire du Madison Square Garden, un amphithéâtre mythique situé dans l'arrondissement de Manhattan, à New York.

Cette mégapole est située à près de 600 kilomètres de son petit village natal de Saint-Isidore, mais Georges se sent comme à la maison. La musique dans ses oreilles ne couvre pas le grondement des partisans.

— G-S-P ! G-S-P !

La pression est lourde. Le moindre faux pas et c'est la fin. Tout le monde le sait. Surtout Georges.

« Tu n'as pas le droit à l'erreur » se répète le combattant.

Quatre années se sont écoulées depuis son dernier combat dans l'octogone. Dans quelques minutes, il affrontera Michael Bisping, le champion du monde des poids moyens de l'Ultimate Fighting Championship, une organisation d'arts martiaux mixtes.

L'athlète tente de se concentrer sur son adversaire, mais c'est plus fort que lui : il repasse en boucle les 48 derniers mois dans sa tête. Des mois difficiles où il a failli tout abandonner.

Georges n'est pas considéré comme favori pour remporter le combat, mais il croit en ses moyens. Ce n'est pas la première fois qu'il se retrouve sur la chaise du négligé. Et s'il avait pris la mauvaise décision ?

Il n'a pas le temps de répondre à cette question. Quelqu'un lui tape sur l'épaule. C'est son entraîneur et ami de longue date, Firas Zahabi. C'est l'heure.

Georges se lève, ferme les yeux un bref instant, inspire profondément et se dirige vers le corridor sombre…

Une semaine avant le duel tant attendu, Bisping a dit que Georges n'était pas outillé pour l'envoyer au tapis. Le Québécois est déterminé à le faire mentir. Le défi s'annonce toutefois colossal. Non seulement Georges n'a pas combattu depuis près de quatre ans, mais il devra le faire dans une catégorie de poids qui n'est pas la sienne. Il se bat habituellement à 170 livres, dans la division des mi-moyens. Ce soir, c'est à 185 livres, chez les poids moyens, qu'il devra en découdre contre le champion anglais.

Cette prise de poids importante désavantage Georges. Il a intérêt à bien gérer son énergie et à s'imposer physiquement.

L'arbitre d'office pour le combat, Jason MacDonald, invite les deux adversaires à le rejoindre au centre pour entendre ses instructions. Bisping porte un maillot noir et or. Georges a opté pour le gris. Les deux touchent les poings et regagnent leur coin respectif.

Habituellement, les combats de l'UFC (Ultimate Fighting Championship) sont d'une durée de

15 minutes, c'est-à-dire trois rounds de cinq minutes. Ce soir, puisqu'une ceinture de championnat est en jeu, il y aura cinq affrontements de cinq minutes.

L'arbitre regarde en direction de Bisping, puis dans celle de Georges. Le Québécois attend ce moment depuis beaucoup trop longtemps. Le combat peut commencer.

Round 1

Comme c'est souvent le cas en début d'affrontement, les deux adversaires prennent le temps de s'étudier. Ils lancent des coups ici et là pour tenter de déceler certaines tendances. Pendant son camp d'entraînement, Georges a constaté que Bisping a un problème avec les coups qui proviennent de sa droite. Son plan est de le feinter sur la gauche, puis de l'attaquer sur la droite.

Après une bonne minute d'observation, Georges met son plan à exécution et décoche un solide crochet du droit qui atteint Bisping sous l'œil gauche. Une ecchymose apparaît instantanément. Bisping ne l'a pas vu venir, Georges non plus. Même au sommet de sa gloire, il n'avait pas l'habitude de lancer des coups comme celui-ci. La glace est officiellement brisée.

Après deux minutes, des « ohé, ohé, ohé, ohé » résonnent aux quatre coins de l'amphithéâtre. La foule est électrisée.

À la mi-round, Georges se rend compte que Bisping est encore très hésitant. Il en profite pour placer deux autres jabs, mais Bisping réplique aussitôt.

Avec une minute à faire, Georges, spécialiste du combat au sol, réussit sa première projection au tapis près de la clôture. Bisping se relève quelques secondes plus tard. GSP le ramène sur terre avec l'une de ses attaques préférées, le coup de poing *Superman*. Bisping est sérieusement ébranlé.

Quelques instants plus tard, le son de la cloche retentit. Pas de doute, le premier round va à la fiche du Québécois.

Georges regagne son coin. Le stress est tombé. Il a retrouvé ses repères, mais il se sent encore un peu rouillé. Son équipe prend soin de lui rappeler que Bisping est un redoutable combattant doté d'un excellent cardio. Il devient meilleur au fur et à mesure que le combat avance. Georges doit rester sur ses gardes.

Round 2

Les deux combattants lancent quelques attaques par-ci, par-là.

À la troisième minute, Georges parvient à réaliser une deuxième projection au sol. Cependant, il ne réussit pas à percer la garde étanche de Bisping.

Le Québécois est moins dynamique et entreprenant au cours de ce deuxième round. L'envie d'écourter la soirée de travail de son adversaire devient secondaire. Il choisit de se battre intelligemment et de s'en tenir à son jab. Il esquive une attaque de Bisping, alors que sa contre-attaque du crochet de gauche touche la cible.

De son côté, l'Anglais tente tant bien que mal de répliquer, mais ses ripostes n'atteignent pas la cible.

Vers la mi-round, il réussit son meilleur coup du combat, une puissante droite qui atteint Georges à la joue. Ce dernier reprend le centre de l'octogone et réussit à amener le champion au sol de nouveau. Bisping se relève et réplique avec un puissant coup de la main droite.

Georges écoule les 60 dernières secondes de l'engagement en mode défense. La fatigue commence à se faire sentir. Soudainement, les partisans sont moins bruyants.

Le round va à Bisping.

Pendant qu'un membre de son équipe lui applique une serviette d'eau froide sur la tête et sur les épaules, Georges, assis sur son tabouret, écoute attentivement les conseils de son entraîneur, Firas Zahabi. Celui-ci lui rappelle, entre autres, d'être prudent face à la meilleure arme de Bisping : sa main droite.

Round 3

Georges entreprend le troisième engagement avec beaucoup d'assurance. Il envoie aisément Bisping au sol en agrippant sa jambe gauche. Au bout de deux minutes, l'Anglais finit par se redresser. Georges a le visage couvert de sang. Un contact accidentel lui a causé une profonde coupure au nez. Le favori de la foule a la vue embrouillée.

Bisping saute sur l'occasion pour placer quelques coups. Au milieu du round, alors que les deux combattants conservent leur distance, Georges lâche un solide crochet de gauche qui propulse Bisping au sol.

GSP est bien décidé à gagner. Il étourdit complètement son adversaire. Bisping tente par tous les moyens de s'en sortir, mais il commet une faute irréparable. Il se retrouve dos à Georges. Celui-ci en profite pour l'immobiliser avec ses avant-bras.

Quelques secondes plus tard, Bisping s'avoue vaincu. L'arbitre arrête le combat. Les poids moyens ont un nouveau champion et il a pour nom Georges St-Pierre.

C'est l'euphorie. Les spectateurs bondissent de leur siège. Tout comme des millions de téléspectateurs à travers le monde. Georges vient d'écrire une nouvelle page de sa riche histoire.

Il n'entend plus rien. Il se relève lentement, lève les bras en direction du ciel et pousse un léger soupir. Un soupir qui libère quatre années de craintes, d'incertitudes et de remises en question. Pendant un court instant, la Terre arrête de tourner.

***

Tous les matins, Léo, un élève de quatrième année, marche pour se rendre à son école de quartier. Boîte à lunch à la main, il emprunte toujours les mêmes rues, croise toujours les mêmes maisons et les mêmes voisins.

À 10 ans, Léo est le plus petit et le moins costaud de sa classe. Certains en profitent pour lui mener la vie dure.

Chaque jour, avant que la cloche sonne, un groupe d'élèves l'attend près de la porte d'entrée de l'école. Léo marche la tête basse. Il croise les doigts pour que Jimmy, Kevin et Mathias ne le voient pas. Mais son souhait est rarement exaucé.

Les trois garçons l'agrippent par les vêtements et prennent tout ce qui semble être bon dans sa boîte à lunch. En plus, ils lui volent à l'occasion son argent de poche. Ils l'appellent « Léo le pas beau », parce qu'il porte des lunettes.

Léo aimerait avoir le courage de se défendre. Mais à un contre trois… c'est risqué !

Léo n'a jamais parlé à personne de ces attaques quotidiennes.

Ce mardi du mois de novembre n'est pas différent des autres. Pendant que la bande brasse Léo pour lui voler ses affaires, Mme Julie, la professeure d'éducation physique, voit la scène et s'interpose immédiatement. Les trois élèves partent en courant, tandis que Léo ramasse le contenu de sa boîte à lunch.

Mme Julie se penche pour l'aider. Son regard croise celui du garçon :

— J'en ai assez ! Pourquoi ils ne me foutent pas la paix ?

— Je comprends que ce soit difficile, Léo. Tout va se replacer, ne t'en fais pas.

— Parfois, j'aimerais pouvoir me téléporter dans le futur pour être plus grand et ne plus avoir à croiser ces gars-là.

— Ne te décourage pas. Tu n'es pas le seul à être passé par là. Est-ce que tu connais l'histoire d'un certain Georges St-Pierre ? Laisse-moi te parler de lui…

I

SAINT-ISIDORE

Cette fabuleuse histoire commence à Saint-Isidore, un petit village de 2600 âmes situé à une trentaine de kilomètres au sud de Montréal.

Nous sommes en février 1981. Paulyne St-Pierre, une aide-soignante, est enceinte de son premier enfant. Celui-ci n'est pas encore né qu'il est déjà très actif. Il aime particulièrement donner des coups de poing et des coups de pied dans le ventre de sa mère.

Son conjoint, Roland, un installateur de planchers, est un homme discret et réservé. Mais, en ce moment, il déborde de bonheur. D'ici quelques mois, la cigogne viendra cogner à leur porte pour leur remettre… un petit garçon.

Pour rendre hommage à son père, Roland aimerait bien appeler leur futur nouveau-né Georges.

Paulyne n'est pas très chaude à l'idée. Elle ne trouve pas ça très beau.

Les mois passent et, le 19 mai 1981, deux semaines après la date prévue de l'accouchement, le bébé se pointe finalement le bout du nez.

Exténuée, Paulyne prend son bambin et le tend à bout de bras vers son mari :

— Le v'là, ton Georges !

Roland, le sourire fendu jusqu'aux oreilles, regarde son fils et n'en revient toujours pas. Il ne le sait pas encore, mais il tient dans ses bras un petit garçon qui changera la vie de plusieurs personnes. Les parents de Georges lui donneront deux petites sœurs par la suite.

Georges n'est pas haut comme trois pommes qu'il est déjà très turbulent. Même s'il ne marche encore qu'à quatre pattes, il déplace de l'air comme une tornade.

Un peu trop actif au goût de ses parents, Georges se retrouve régulièrement en punition. Mais il parvient toujours à s'échapper.

Un jour, alors qu'il a deux ans et demi, Georges accompagne son père dans la cour pour planter des tomates. Issu d'une famille de fermiers, Roland a toujours eu le pouce vert.

La plantation va bon train. Roland fait dos à Georges pour préparer le prochain plant de tomates. Lorsqu'il se retourne, il constate que son fils a disparu. Pouf ! Comme par magie. C'est la panique générale.

Affolée, Paulyne fonce vers le boisé derrière la maison. Roland, lui, se précipite vers la rue. Après quelques minutes de recherches intenses, ils aperçoivent finalement au coin de la rue un bambin, couche aux fesses, assis calmement à regarder les autos défiler.

Une bonne frousse, disons !

Pour lui faire dépenser son trop-plein d'énergie, Roland et Paulyne installent un module de jeu sur le côté de la maison. Cette solution fonctionne un certain temps, mais Georges se lasse rapidement. Il est à la recherche d'un nouveau défi plus stimulant.

Son père l'initie alors à notre sport national, le hockey. Bingo! Georges et Roland marchent régulièrement ensemble, bâton à l'épaule, jusqu'à la patinoire extérieure de Saint-Isidore. Tous les enfants du quartier s'y donnent souvent rendez-vous pour un match de hockey.

Beau temps, mauvais temps, Georges est toujours le premier sur la patinoire. Et le dernier à la quitter. Il n'est pas le plus grand ni le plus fort. Il se démarque toutefois par son coup de patin. Il patine si vite que ses coéquipiers ont parfois l'impression qu'il vole pour aller récupérer la rondelle dans les coins.

Chaque fois qu'il saute sur la patinoire, Georges s'imagine être dans la peau de son idole, Wayne Gretzky. Surnommé *The Great One*, Gretzky, qui a joué de 1978 à 1999, est considéré comme le meilleur joueur de l'histoire de la Ligue nationale de hockey. À ce jour, l'attaquant est toujours le meilleur pointeur dans l'histoire de la LNH, avec 2857 points. Plus personne ne peut porter son célèbre numéro 99 au sein de la Ligue.

***

Ceinture noire de karaté kyokushin depuis plusieurs années, Roland décide de transmettre son savoir à Georges. Son fils est alors âgé de sept ans.

Le kyokushin se différencie des autres styles de karaté, car il n'autorise pas le port d'une protection lors des combats.

Dans le sous-sol poussiéreux de la maison, Roland apprend à Georges la base de ce sport. Pendant un an, Georges découvrira les rudiments de cet art martial entre un vieux sac de sable, une télévision, un sofa et une commode brune.

Tout en apprenant à contrôler son énergie, Georges peut se défouler en lançant des coups de pied et des coups de poing sans se faire chicaner. C'est officiel : il a la piqûre.

L'élève n'a pas encore dépassé le maître, mais Roland juge que son fils est prêt à poursuivre son apprentissage dans une école de karaté tout près de la maison.

Georges se sent invincible lorsqu'il porte pour la première fois son kimono blanc et sa ceinture blanche. Parmi la centaine d'élèves de son groupe, il constate rapidement qu'il n'est pas le plus imposant. Comme au hockey, il devra trouver un moyen de se démarquer.

Dans les premiers temps, il perd beaucoup de combats. Mais il ne se décourage pas. À l'examen de passage pour la ceinture verte, il n'y a plus que 80 élèves.

Georges excelle aux échecs. Il est si talentueux qu'il parvient à se classer parmi les 25 meilleurs joueurs de son groupe d'âge au Québec. Ce succès devant la planche de jeu lui donne confiance en lui.

Au dojo, il prend du poil de la bête. L'athlète gagne de plus en plus de combats. Il ne baisse plus les bras comme avant.

Un soir, Georges et son père, assis sur le vieux divan du sous-sol, regardent attentivement un combat de lutte à la télévision. La vedette du combat est le champion du monde des poids lourds, Hulk Hogan. Celui-ci est très populaire en raison de son talent, mais aussi de sa longue chevelure dorée, de sa grosse moustache en forme de beigne et de ses bobettes jaunes. Il ne passe pas inaperçu !

Dans son fauteuil, Georges ne tient plus en place. Il se lève sans cesse pour imiter les mouvements et les cris du géant.

— Un jour, je vais être aussi célèbre qu'Hulk Hogan et on va vendre des figurines de moi ! dit-il en forçant ses deux biceps.

Paulyne, silencieuse sur le seuil de la porte, ne peut s'empêcher de sourire et de verser une petite larme. Elle n'oubliera jamais cette phrase. Georges non plus.

À l'âge de 12 ans, Georges vient bien près de lâcher les arts martiaux. Une série de défaites et une mésentente avec son entraîneur l'incitent à vouloir tout abandonner. Il trouve que celui-ci est trop sévère, particulièrement avec lui.

Il annonce à son père qu'il arrête le karaté. Roland a cependant d'autres plans pour lui :

— Tu pourras lâcher quand tu seras ceinture noire. N'abandonne jamais rien avant d'avoir été jusqu'au bout.

Quelques mois plus tard, après six ans de travail acharné, Georges se verra remettre sa ceinture

noire des mains de son entraîneur, Jean Couture. Celui-là même qu'il trouvait trop sévère.

Pour la première fois de sa vie, Georges ressent un grand sentiment de fierté. Mais sous cette ceinture noire se cache un jeune garçon encore troublé.

***

— Mais quel est le lien entre moi et Georges ? Je ne le trouve pas…

— Sois patient, Léo. Tu vas voir. L'histoire ne fait que commencer !

2

LE « CLOWN MINIATURE »

Georges n'est pas le plus populaire au primaire. Loin de là. Il a de la difficulté à se faire des amis. Un de ses seuls amis, Gerardo, est un immigrant colombien qui ne parle pas français. Les deux enfants communiquent en se faisant des signes.

Tous les matins, Georges parcourt seul les quelques kilomètres qui le séparent de l'école. De la porte d'entrée de la maison jusqu'à la cour d'école, il se lèche sans cesse les lèvres. Il ne s'en rend pas compte, mais il se lèche tellement les babines qu'un cercle rouge se forme autour de sa bouche. L'irritation est si vive que certains jeunes le surnomment « le clown miniature ».

Il n'y a pas que cette manie qui nuit à Georges. Son manque de confiance en lui aussi. Il est petit, maigre et il porte des lunettes. Pour les plus vieux, il est une proie facile. Il n'appartient pas à la gang des « cool », mais plutôt à celle des « rejets ».

Il n'est alors âgé que de neuf ans.

Que ce soit avant ou après l'école, à l'heure du dîner, pendant la récréation ou lors des cours d'éducation physique, Georges est souvent maltraité.

Quand on ne lui vole pas l'argent de son dîner, on lui arrache ou on lui abîme ses vêtements.

Régulièrement, Georges se demande comment il va quitter l'école sans se faire tabasser. Si parfois il fuit pour éviter la bataille, d'autres fois il réplique. Une chose est sûre, c'est qu'il en sort rarement gagnant. Il n'est pas rare qu'il marche sur le chemin du retour avec un œil au beurre noir.

Dans un petit village comme Saint-Isidore, tout le monde se connaît. Les rumeurs circulent vite. Georges préfère garder le silence, de peur que ses problèmes ne viennent aux oreilles de ses parents.

Un soir, il revient à la maison plus amoché que d'habitude. Son pantalon est déchiré et ses avant-bras sont couverts de bleus.

Ses parents lui demandent ce qui s'est passé. Georges refuse catégoriquement de répondre. Ceux-ci persistent et réussissent à lui tirer les vers du nez. Georges finit par leur raconter que des élèves lui ont volé son argent de poche.

Son père se lève d'un bond, se rend chez l'un des jeunes voleurs pour expliquer ce qui s'est passé à ses parents. Il repart avec des excuses de la petite peste et la promesse que ça ne se reproduira plus.

Georges sera victime d'intimidation jusqu'à l'âge de 12 ans. Cette période difficile de sa vie l'aidera à se forger une personnalité forte pour le restant de ses jours. Georges ne sera plus jamais intimidé par la suite.

***

12 novembre 1993. Georges est chez un ami pour écouter le tout premier tournoi de l'Ultimate Fighting Championship (UFC) qui se déroule à Denver, aux États-Unis. Les huit participants de ce tournoi représentent chacun un style de combat différent. Le karaté, le sumo, le taekwondo et la boxe anglaise, entre autres, sont représentés. Le but est de déterminer quel style de combat est le plus efficace.

Les règles sont plutôt simples : il n'y en a pas. Aucune limite de poids ni de temps n'est imposée à l'intérieur de l'octogone. Un combattant ne peut gagner qu'en mettant K.-O. son adversaire ou par abandon. Les attaques dans les yeux et les morsures sont toutefois interdites.

Les quarts de finale et les demi-finales passent. La finale oppose Gerard Gordeau à Royce Gracie.

Gerard Gordeau, natif des Pays-Bas, est champion du monde de boxe française et pratique également le karaté.

Royce Gracie, natif du Brésil, est ceinture noire en jiu-jitsu brésilien. Discipline plutôt méconnue à ce moment, le jiu-jitsu brésilien est un art martial qui se pratique au sol.

Sur papier, le duel s'annonce inégal. Gerard Gordeau mesure 12 centimètres de plus que Royce Gracie. Il est également plus gros et plus costaud. Avant même le son de la cloche, tout le monde considère déjà Gordeau comme le grand gagnant.

Le combat commence. Royce Gracie ne perd pas de temps et amène son adversaire au tapis. Il l'emporte par soumission de son adversaire en moins de deux minutes.

Avec cette victoire, Royce Gracie prouve à la planète entière qu'un combattant plus mince, plus léger et plus petit peut vaincre n'importe qui avec une bonne technique et surtout une bonne dose de volonté.

Des milliers de nouveaux adeptes pratiqueront le jiu-jitsu brésilien à la suite de l'UFC 1. Dont un jeune homme de Saint-Isidore.

3

LE MENTOR

À 16 ans, Georges s'isole souvent chez lui. Sa vie se limite à l'école et à l'entraînement. Quand il a des temps libres, il aime bien flâner sur la réserve indienne des Mohawks de Kahnawake, située près de chez lui, pour assister à des combats d'arts martiaux mixtes. Sa mère n'est pas emballée par cette idée. Elle croit que son garçon assiste à des combats de rue.

Les arts martiaux mixtes gagnent en popularité, mais ils sont encore interdits un peu partout au Canada. Parmi les vedettes locales, Georges apprécie particulièrement Kristof Midoux, un combattant de la France qu'il a vu à quelques reprises en action.

Surnommé l'« Ouragan français », Kristof impose le respect par sa force et son physique imposant. La légende veut que, à son premier combat professionnel, Kristof Midoux ait mis son adversaire hors de combat après seulement neuf secondes !

Georges s'identifie aux adeptes des arts martiaux mixtes. Comme eux, il se sent rejeté par la société.

En plus d'avoir lui aussi une formation en karaté kyokushin, Kristof possède un gym d'arts martiaux mixtes à Montréal. Georges rêve de devenir son élève.

***

Par un bel après-midi d'été, Georges roule avec sa vieille voiture sur le boulevard Saint-Laurent, au centre-ville de Montréal. Au loin, près d'un trottoir, il aperçoit une imposante silhouette tatouée. C'est Kristof Midoux. Il cligne des yeux. Son idole ?!? Ça ne se peut pas ! Mais oui, c'est bel et bien lui !

Georges freine d'un coup sec. Ses pneus crissent et laissent des traces noires sur l'asphalte. Il se stationne, sort de la voiture et court vers Midoux.

L'adolescent de Saint-Isidore explique à la star qu'il veut à tout prix devenir son élève. Kristof, plutôt intrigué, lui demande : « Pourquoi ? » Georges lui répond qu'il aimerait être comme lui.

— Mais je n'ai pas d'argent, précise Georges.

— Moi non plus ! répond Kristof avec un sourire en coin.

Le colosse lui donne alors l'adresse du gymnase de Terrebonne, sur la Rive-Nord, où il s'entraîne. Mais il ne s'attend pas à le revoir. C'est mal connaître Georges.

Dès leur première rencontre, Kristof se rend compte de l'immense talent qui habite le jeune homme. Il remarque surtout son trop-plein de passion et de volonté.

— Je vais faire de toi un champion, dit Kristof en regardant Georges droit dans les yeux.

Pour y arriver, Georges devra être discipliné et s'entraîner régulièrement. Il devra prendre ça au sérieux. L'élève promet d'être à la hauteur.

Rapidement, Kistrof constate que les arts martiaux mixtes sont devenus la raison de vivre de Georges. L'élève sue à grosses gouttes pendant des heures. Kristof tente de le secouer de toutes les façons possibles, mais rien n'est à son épreuve. Georges parvient toujours à regagner le centre du ring.

Georges met toutefois du temps à croire en lui-même et en son talent. Dans son esprit, les autres sont tous plus talentueux que lui.

Un jour, Kristof demande à Georges d'écrire la liste des combattants qui lui font peur. Il se prête à l'exercice. Quelques semaines plus tard, quand l'élève se présente au gymnase, une surprise l'attend : tous ceux dont les noms sont mentionnés sur sa liste sont réunis au centre de l'octogone ! Georges ne comprend pas. Il pense que c'est une mauvaise blague. Mais Kristof est sérieux. Georges devra les affronter à tour de rôle.

Georges refuse catégoriquement... avant de se laisser convaincre. Sans surprise, il ne fera qu'une bouchée des invités !

Au fil du temps, Kristof et Georges deviennent inséparables. Ils passent chaque minute de leur vie ensemble.

En Kristof, Georges trouve non seulement un mentor, mais aussi un grand frère. Ils en viennent à partager une chambre avec deux petits lits, aménagée dans le sous-sol des parents de Georges.

Leur routine d'entraînement va comme suit : séance de musculation au lever, séance de cardio, dîner, entraînement au gymnase, séance de jiu-jitsu brésilien, repos et souper. Après chaque entraînement, ils boivent une pinte de lait, mangent des morceaux de poulet frit et se partagent une salade peu appétissante.

Même en hiver, rien n'est à leur épreuve. Malgré la neige, ils emballent leurs pieds dans des sacs de plastique, bravent le froid et partent faire du jogging. De retour à la maison, pour permettre à leur corps de récupérer, ils sautent dans l'eau glacée... de la piscine ! Après tout, il faut ce qu'il faut pour devenir champion !

Il arrive parfois qu'ils doivent prendre une pelle pour casser la fine couche de glace avant de plonger. Il n'est pas rare que la température de l'eau s'approche du point de congélation. Les deux athlètes doivent y rester le plus longtemps possible...

De la fenêtre qui donne sur la cour arrière, Roland n'en croit pas ses yeux. Son fils ne peut pas faire ça !

— Laissez-moi Georges. Si je me trompe, je suis un imbécile. Mais je ne me trompe pas, votre fils est doué. Il peut devenir un champion, assure Kristof au paternel.

Kristof Midoux jouera un rôle déterminant dans la décision de Georges de s'investir corps et âme dans les arts martiaux mixtes.

***

Léo est fasciné par l'histoire que lui raconte Mme Julie.

— Avec ce que vous me dites, je ne suis pas sûr de vouloir faire des arts martiaux. Ça semble très exigeant et je n'ai vraiment pas envie de me jeter dans une piscine d'eau froide...

— Ce n'est pas une pratique nécessairement très répandue, Léo ! Ce ne sont pas tous les combattants d'arts martiaux qui sautent dans l'eau glacée en plein mois de janvier... ce sont les plus courageux !

4

LA NAISSANCE DE RUSH

À 17 ans, Georges étudie au cégep et travaille à temps partiel comme éboueur. Il participe à des compétitions depuis un an chez les amateurs et connaît beaucoup de succès. Son horaire est toutefois très chargé et ses parents s'inquiètent pour lui. Il tente de bien gérer son agenda, mais c'est très difficile. Sa tête et son cœur sont dans l'octogone même quand son corps n'y est pas !

Entre un cours de philosophie et un cours de sociologie, Georges en profite pour s'évader. Alors que ses camarades de classe sont à sa recherche, Georges se réfugie dans le seul endroit où il se sent vraiment à l'aise : le gymnase. C'est plus fort que lui. Sa motivation, son énergie et ses temps libres le conduisent toujours au même endroit.

Son entourage lui répète régulièrement qu'il est doté d'un talent spécial. Pour accéder au niveau supérieur, Georges doit améliorer ses techniques au sol. Il décide donc de s'inscrire à la Renzo Gracie Academy, située à New York. Cette école réputée en arts martiaux mixtes est dirigée par Renzo Gracie, membre de la légendaire famille brésilienne Gracie. Renzo est le cousin de Royce, celui qui a transmis l'amour des arts martiaux mixtes à Georges lors de l'UFC 1 en 1993.

Georges possède une volonté de fer et une détermination à tout rompre. Il veut absolument se rendre à New York les fins de semaine pour apprendre des meilleurs. Seul hic : il n'a pas beaucoup d'argent. Il devra se montrer créatif.

Avec l'essence, l'hôtel, la nourriture et les cours, Georges et sa calculatrice en viennent à la conclusion qu'il doit se limiter à un budget de... 20 $ par jour ! Il devra tout calculer au cent près.

Il effectue une première fois le trajet de 10 heures en autobus pour passer deux jours dans la Grosse Pomme[1].

Son professeur est le célèbre John Danaher, un expert du jiu-jitsu brésilien. Personnage coloré, cet homme mystérieux n'engloutit qu'un repas par jour et s'entraîne quotidiennement. Il est rigoureux et exigeant. Georges considère encore aujourd'hui John Danaher comme la personne la plus intelligente qu'il connaisse.

Ceinture bleue en jiu-jitsu brésilien, Georges se trouve dans le groupe des débutants. Il se démarque rapidement, mais pas forcément pour les bonnes raisons. Le petit Québécois fait preuve d'enthousiasme, mais il possède un fort accent français... Il ne maîtrise pas du tout l'anglais. Pendant que ses compagnons de classe le taquinent ou se moquent de lui, il lui arrive de ne pas comprendre les instructions de ses professeurs. Trop timide pour les faire répéter, Georges préfère garder le silence.

---

1. Surnom donné à la ville de New York.

Qui est ce jeune homme réservé qui ne parle pas un mot d'anglais ? Le « p'tit nouveau » devient vite attrayant aux yeux des autres combattants. Il devient leur cible préférée. À cette époque, John Danaher enseigne une technique d'entraînement qui s'appelle *randori.* Ce mot japonais signifie « saisir le chaos ». Le but est de se défendre face aux attaques répétées de son adversaire et d'encaisser. Sans surprise, les élèves se bousculent pour affronter Georges. Et celui-ci subit quelques raclées. Chaque fois, il se relève.

Après quelques fins de semaine d'entraînement intensif à New York, Georges voit le fruit de son travail récompensé. Sa courbe d'apprentissage est l'une des plus importantes au sein de son groupe. De plus, sa compréhension de l'anglais s'améliore. Il se félicite de ne pas avoir abandonné.

Plus motivé que jamais, il décide de multiplier et d'allonger ses visites à New York. Dès qu'il peut s'entraîner trois jours ou plus d'affilée, il saute dans sa vieille ferraille et parcourt le long trajet qui sépare sa maison de l'académie.

Un ami lui explique que, en suivant de près les camions lourds sur l'autoroute, il pourra économiser quelques dollars en essence. Les camions agissent en tant que bouclier contre les vents et la voiture consomme ainsi moins de carburant. Curieux, Georges fait le test et constate que ça fonctionne !

N'ayant toujours à sa disposition qu'un petit budget, il doit dormir dans des quartiers new-yorkais très douteux. Il réside régulièrement dans une vieille auberge de jeunesse, un bâtiment vieux de 100 ans. Si vieux que le plancher grince et les murs parlent ! Il y a plus de souris que de résidents !

Une fois, Georges partage sa chambre avec six voyageurs hollandais de son âge. Ses cochambreurs ont une fringale et décident de manger…

du poisson. L'odeur est nauséabonde. Georges met tout le monde dehors à grands coups de pied !

Le lendemain matin, quand il se présente à l'entraînement, les regards sont tous rivés sur lui. Son gi (kimono) sent le saumon... Ce jour-là, contrairement à d'habitude, personne ne veut se battre contre Georges !

***

— *Vous m'avez convaincu, madame Julie. Je vais me rouler dans le poisson tous les matins pour avoir la paix !*

— *Je n'ai pas dit ça ! De toute façon, je ne suis pas sûre que tes parents te laisseraient aller à l'école avec une odeur de saumon.*

— *Je vais au moins leur en parler !*

— *Léo...*

***

Les années passent et, en 2001, Georges fait deux rencontres qui seront déterminantes dans sa vie.

Il rencontre tout d'abord Rodolphe Beaulieu. Né à Montréal, Rodolphe a découvert les arts martiaux mixtes à l'âge de 15 ans. C'est en accompagnant son frère dans un gymnase de Sherbrooke qu'il a eu le coup de foudre pour le jiu-jitsu brésilien. Après avoir terminé ses études en administration à l'université, il s'est exilé six mois en Californie, sur la côte ouest américaine, pour améliorer son savoir-faire dans l'octogone. Rodolphe est alors un des rares combattants québécois à détenir une ceinture noire en jiu-jitsu brésilien et japonais.

Rodolphe enseigne la technique brésilienne de son art dans un gymnase de Verdun, situé au sud-ouest de l'île de Montréal. Georges entre dans le gymnase par hasard, un jour qu'il se promène dans le coin.

Pour le plaisir, Georges et Rodolphe croisent le fer pendant le cours. Une chimie spéciale s'installe entre eux. Pour une rare fois, deux adversaires sortent gagnants d'un affrontement : une amitié est née.

Georges apprend que son nouvel ami se rend régulièrement à New York en avion pour son travail. Bonne nouvelle ! Chaque fois que les deux compagnons sont en ville, Georges en profite pour économiser quelques sous en dormant sur le plancher de la chambre d'hôtel de Rodolphe.

Au cours des années suivantes, Rodolphe se fraye une place de choix au sein de la garde rapprochée de Georges : partenaire d'entraînement, meilleur ami, homme de coin et gérant. Les deux amis ne se quitteront plus jamais.

***

Un jour, au gymnase, Georges reçoit la visite d'un certain David Loiseau. À ce moment-là, David Loiseau est une vedette des arts martiaux mixtes au Québec. Il est le champion canadien de l'organisation Universal Combat Challenge (UCC), considérée comme le club-école de l'UFC.

David voit la manière de Georges de remporter un combat. Impressionné, il s'approche de lui à sa sortie du ring. Georges le reconnaît aussitôt. David lui serre la main et le félicite. Il l'invite à venir s'entraîner avec lui au gym Tristar. N'en croyant pas ses oreilles, Georges cherche ses mots, mais finit par accepter l'invitation.

Au fil du temps, ils deviendront des partenaires d'entraînement, puis de grands amis. Georges sera aux premières loges pour voir David devenir, en 2003, le premier Québécois à joindre l'UFC.

Georges connaît énormément de succès dans les rangs amateurs. Il collectionne les victoires. Mais il en a assez. Le temps est venu pour lui d'effectuer le saut chez les professionnels.

C'est donc le 25 janvier 2002, à l'âge de 20 ans, que Georges fait ses débuts chez les professionnels. Pour l'occasion, il affronte Ivan « la fierté d'El Salvador » Menjivar lors de l'Universal Combat

Challenge 7[2], qui a pour tête d'affiche un certain David Loiseau. L'évènement a lieu à l'auditorium de Verdun. L'aréna peut contenir 5 800 places assises, mais une foule record de 6 500 spectateurs se déplace ce soir-là. C'est plein à craquer.

À 5 pieds 6 pouces et seulement 172 livres, Ivan Menjivar n'impose pas physiquement le respect. Pourtant, ce jeune Québécois immigré du Salvador – un pays d'Amérique centrale – en a dans le ventre. Ses quatre victoires en autant de combats font de lui un adversaire redoutable.

L'affrontement ne durera finalement qu'un round et se terminera dans la controverse. Vers la fin du premier engagement, alors que les deux combattants se sont échangé quelques coups, Ivan Menjivar se retrouve dos au sol. Georges profite de l'occasion pour lui donner les coups qui le mettront K.-O. Avec quelques secondes à écouler,

---

2. Le chiffre représente le nombre d'évènements de l'organisation. Dans ce cas-ci, il s'agit de la 7e édition organisée par l'Universal Combat Challenge.

l'arbitre s'approche de l'action et demande au Salvadorien si tout va bien. Celui-ci lui répond que tout est sous contrôle, mais Georges croit qu'il vient de l'emporter par soumission. Il retire alors son protecteur buccal. Devant ce malentendu, l'arbitre décide de mettre fin au combat. Il annonce que GSP vient de gagner par abandon. Ivan Menjivar n'en croit pas ses yeux. Il explique à Georges qu'il n'a jamais abandonné.

En bon joueur, Georges, malgré l'excitation de sa victoire, prend le micro au centre du ring et s'adresse à la foule en disant que, pour lui, il s'agit d'un combat nul. Un geste d'une grande classe apprécié par Menjivar, qui atteindra plus tard les rangs de l'UFC sans toutefois devenir champion.

Grâce à cette victoire, GSP empoche la somme de 1100$: 600$ parce qu'il s'est présenté, 500$ parce qu'il a gagné. Une bourse importante pour un jeune athlète qui ne roule pas sur l'or !

Après ce combat, son entraîneur lui donne le surnom de « Rush[3] », puisqu'il se bat à fond de train d'un bout à l'autre des deux sons de cloche. Un sobriquet qui lui colle à la peau.

3. Selon le dictionnaire *Larousse*, le mot « rush » désigne l'action « de se ruer sur quelque chose ».

5

DANS LA GUEULE DU LOUP

Georges ne met pas de temps à se faire une bonne réputation. Le 15 juin 2002, six mois après sa victoire contre Ivan Menjivar, il est appelé à se battre à Gatineau pour le titre de champion canadien des poids mi-moyens de l'UCC. Il ne fait qu'une bouchée de Justin Bruckmann en l'emportant avec une clé de bras au premier round.

Il défend sa ceinture avec succès à deux reprises contre le Canadien Travis Galbraith et l'Américain Thomas Denny. Deux victoires par knock-out devant les siens à Montréal. En janvier 2003, il prend part au TKO 14, anciennement l'UCC, contre Pete Spratt à Victoriaville. Rush sort une fois de plus victorieux de l'octogone dès le premier round.

Avec une fiche parfaite de 5-0 chez les professionnels, Georges se voit offrir, le 31 janvier 2004, sa première chance au sein de l'UFC. Enfin.

Pour l'occasion, il est confronté à Karo « The Heat » Parisyan. Natif de l'Arménie, un pays situé en Asie, Karo Parisyan figure parmi les plus beaux espoirs de l'UFC. Georges est conscient de son rôle. Il sert de faire-valoir, de viande fraîche, afin de mettre le jeune Arménien en valeur.

Le combat est présenté au célèbre Mandalay Bay, à Las Vegas. Cet hôtel-casino est reconnu pour présenter les meilleurs galas de boxe et d'arts martiaux mixtes au monde. Au cours du duel, Georges parvient à se dégager d'un kimura à deux reprises. Pour lui, c'est quasiment une question de vie ou de mort. Son avenir dépend de l'issue de ce duel ! Pour la première fois chez les professionnels, le Québécois se rend à la limite d'un combat. Il l'emporte par décision unanime des juges devant une foule de 10 700 spectateurs.

Ce gain permet donc à Georges d'empocher un chèque de 6000$. Heureusement, car s'il avait perdu, il n'aurait pas été en mesure de payer son loyer...

Six mois plus tard, Georges remporte son deuxième combat dans l'UFC, un septième d'affilée chez les pros. Il dispose aisément de l'Américain Jay Hieron par mise hors de combat en moins de deux minutes.

Georges fait écarquiller bien des yeux. Son talent ne passe pas inaperçu.

***

En mai 2004, B.J. Penn, alors champion des poids mi-moyens de l'UFC, signe un contrat avec l'organisation japonaise du K-1. Il doit abandonner sa ceinture.

Quelque temps plus tard, le téléphone de Georges sonne. C'est le président de l'UFC, Dana White. Il veut lui offrir la chance de se battre pour le titre vacant. Georges vient bien près de perdre conscience. Il se pince deux fois pour s'assurer qu'il n'est pas dans un rêve ! Il dit oui sur-le-champ. Mais pour réaliser son but ultime de devenir champion, il devra tasser de son chemin Matt Hughes, ancien champion de cette catégorie. Celui-ci est par le fait même une de ses idoles.

Expert en lutte, Matt Hughes se bat au sein de l'UFC depuis bientôt cinq ans. Champion des poids mi-moyens en novembre 2001, il a réalisé cinq défenses consécutives de son titre avant de s'incliner le 31 janvier 2004 face à... B.J. Penn. Il compte 36 victoires à son actif.

Par contre, certains estiment que Georges, âgé de seulement 23 ans, est trop jeune et inexpérimenté pour relever ce défi. Après tout, il ne s'est battu que deux fois dans l'UFC. Et Matt Hughes est une figure forte de l'organisation. Le Québécois n'est cependant pas du même avis. Une telle occasion pourrait ne plus jamais se présenter. Pas question de la rater.

Le combat a lieu le 22 octobre 2004 à Atlantic City, au New Jersey. Cette ville parsemée d'hôtels et de casinos, située sur la côte est américaine, ressemble à Las Vegas. Elle est toutefois un peu plus calme.

Au centre du ring, au moment du face-à-face, Georges n'est pas capable de regarder Matt Hughes dans le blanc des yeux. Trop intimidé, il détourne le regard. Pourtant, il a tellement imaginé ce jour où il deviendrait champion du monde ! Il est maintenant si près du but. À cet instant précis, au fond de ses tripes, il ne le ressent pas.

L'arbitre donne le coup d'envoi au combat et Georges en prend rapidement le contrôle. Dès les premiers instants, il parvient à loger un puissant coup de pied dans la poitrine de Matt Hughes. Le ton est donné. Déstabilisé, l'Américain éprouve plus de difficulté que d'habitude à amener le combat au sol.

Georges domine le premier round. Mais, vers la fin de l'assaut, il commet une erreur impardonnable.

Dos au sol, GSP tente une soumission par kimura, une clé de bras propre au jiu-jitsu brésilien. En essayant d'effectuer cette manœuvre, Georges permet à Matt Hughes d'insérer sa jambe derrière son dos. L'Américain profite de cette bévue et réussit à effectuer une clé de bras qui oblige le Québécois à abandonner à une seconde de la fin du premier round. Il s'agit de sa première défaite professionnelle.

C'est la consternation dans la foule. Personne n'avait prédit un tel revirement de situation. Matt Hughes bondit de joie et célèbre sa victoire avec son équipe. De son côté, GSP, toujours assis sur le sol, cherche à comprendre ce qui vient de se passer. Malgré l'excitation, le nouveau champion prend le temps d'aller féliciter Georges et lui fait une accolade.

Cette défaite contre Matt Hughes permet au Québécois de mettre en lumière certaines lacunes de son style. Il constate entre autres qu'il a la fâcheuse habitude de se battre uniquement avec sa force physique. Au niveau professionnel, la puissance ne suffit pas. Il faut en plus être astucieux et rusé. Exactement comme quand on joue aux échecs. Et dans cette discipline, GSP excelle.

Ce soir-là, Matt Hughes n'a pas gagné. C'est Georges qui a perdu. Et tout le monde le sait.

***

Léo rêve un peu...

— Je ne sais toujours pas si les arts martiaux peuvent m'intéresser, mais j'aimerais bien apprendre à jouer aux échecs, par contre ! À condition que ce soit Georges qui me l'enseigne ! Je veux être son élève !

— C'est une excellente idée, ça, Léo ! Tant que tu ne te roules pas dans le poisson...

6

LA NAISSANCE D'UN CHAMPION

Lorsqu'on tombe de cheval, c'est bien connu, il faut rapidement remonter en selle. Georges s'empresse de mettre en pratique ce dicton. Cela veut dire que, parce qu'il a perdu son dernier combat, il doit se dépêcher de retourner dans l'octogone !

Trois mois après son cuisant revers contre Matt Hughes, Georges remonte dans l'octogone pour y affronter Dave Strasser lors de l'évènement TKO 19 qui se tient à Montréal. Le chouchou de la foule retrouve vite ses repères en signant une victoire expéditive au premier round par kimura.

Ce gain permet à Georges d'être rappelé par l'UFC. Il est alors invité à se battre lors de l'UFC 52 contre Jason Miller à Las Vegas. Le Québécois ne rate pas sa chance et bat l'Américain par décision unanime.

GSP ne quittera plus jamais l'UFC par la suite.

Il remporte deux autres victoires. L'une contre Frank Trigg, par soumission, et l'autre contre Sean Sherk, par mise hors de combat.

Cette série victorieuse permet à Georges d'être invité à un combat éliminatoire, lors duquel on déterminera qui sera le prochain athlète à obtenir sa chance pour le titre des poids mi-moyens de l'UFC.

Le défi s'annonce de taille. L'adversaire est B.J. Penn, l'ancien champion du monde de cette catégorie. Deux ans après s'être exilé au Japon, B.J. Penn est de retour avec la ferme intention de reconquérir la ceinture qu'il a abandonnée aux mains de Matt Hughes.

Surnommé « Le Prodige », B.J. Penn est un spécialiste du jiu-jitsu brésilien. À 5 pieds 9 pouces, le natif d'Hawaii n'est pas le plus grand, mais il compense par sa vision du combat et la qualité de ses techniques au sol. Son expérience fait de lui un adversaire redoutable.

Les deux combattants s'affrontent donc le 4 mars 2006 à l'occasion de l'UFC 58. Tous les experts concèdent l'avantage du combat au sol à B.J. Penn. Si ce dernier a fait du jiu-jitsu brésilien son arme de prédilection, c'est plutôt l'inverse pour le Québécois, qui se débrouille au sol, mais sans plus.

À quelques semaines du combat, lors du camp d'entraînement, le nouvel homme de coin de GSP, John Danaher, fait une découverte surprenante. En regardant de vieux combats de B.J. Penn sur vidéo, il constate que celui-ci excelle lorsqu'il est SUR ses adversaires, mais que c'est tout le contraire lorsqu'il est DESSOUS. En fait, B.J. Penn n'a jamais réussi de soumission sur le dos. Elle est là, la clé !

Tout le monde s'entend pour dire que le combat doit avoir lieu debout, sauf John Danaher. Celui-ci propose une toute nouvelle stratégie. Selon lui, Georges doit traîner B.J. Penn près de la clôture, le mettre au sol et le forcer à se défendre sur le dos jusqu'à ce qu'il s'épuise et commette une erreur.

Les autres membres du clan GSP le traitent de fou. Ils préfèrent voir leur protégé utiliser sa boxe pour remporter le combat. (Le hic, c'est que B.J. Penn est également supérieur à Georges dans cette méthode de combat.)

Devant les réticences, John Danaher fait la suggestion suivante : Georges suivra le plan de match initial prévu lors du premier round. Et si ça tourne au vinaigre, il mettra son adversaire au sol.

Tout le monde accepte la proposition.

B.J. Penn entame le combat avec aplomb. Il parvient à toucher Georges à quelques reprises, dont une fois solidement à l'œil. B.J. Penn fait ce qu'il veut de ses jabs, tandis que Georges peine à l'atteindre. Au terme du premier round, le Québécois revient dans son coin la mine basse, le visage amoché. John Danaher s'approche de son élève et lui dit que le temps est venu de passer au plan B. Sans prononcer un mot, GSP lève les yeux et penche la tête pour dire qu'il est d'accord.

Le deuxième round commence et Georges met le plan de John Danaher à exécution. Il lance B.J. Penn contre la clôture, l'amène au sol et l'y maintient solidement. Déstabilisé par ce nouveau plan de match, l'Américain cherche ses repères. Au terme des trois rounds, les deux hommes soulèvent leurs bras dans les airs. Un duel chaudement disputé, qui pourrait pencher en faveur de l'un comme de l'autre.

Après quelques minutes de délibération, les jugent remettent leur carte. L'arbitre se présente au centre de l'octogone et dévoile les résultats : 29-28, 28-29, 29-28. Georges l'emporte par décision partagée des juges !

Il est heureux du résultat, mais encore plus de ce qui l'attend. Il aura enfin la chance d'obtenir sa revanche contre celui qui lui a infligé sa première défaite en carrière : Matt Hughes. Et le moins qu'on puisse dire, c'est que Georges a soif de victoire.

Le combat est prévu pour le 23 septembre 2006 à Anaheim, en Californie. Georges connaît un excellent camp d'entraînement. Il est au sommet de sa forme. Malheureusement, à un mois de la date tant attendue, il subit une blessure qui le force à annoncer son retrait du combat. Et comme si ce n'était pas assez, il apprend que c'est B.J. Penn qui sera appelé à le remplacer.

Même si ça lui brise le cœur, Georges est sur place pour assister au combat. Il regarde les techniques des adversaires d'un œil très attentif, car il devra affronter le gagnant de ce duel.

À la surprise générale, B.J. Penn impose sa loi lors des deux premiers rounds. Cependant, lors du deuxième assaut, il tente d'effectuer une prise dans le dos de Matt Hughes et il se blesse aux côtes. Il parvient à terminer l'engagement, mais le mal est fait. Le champion saute sur l'occasion. L'expert en lutte amène B.J. Penn au sol. Impuissant, B.J. Penn encaisse les frappes tant bien que mal jusqu'à l'arrêt de l'arbitre. Matt Hughes conserve sa ceinture.

Comme les milliers de spectateurs réunis dans l'amphithéâtre, Georges se lève et applaudit. Le Québécois parvient à rester de glace, mais, intérieurement, il explose de joie. C'est exactement le scénario qu'il souhaitait.

Après le combat, Georges est invité à rejoindre Matt Hughes dans l'octogone pour promouvoir leur prochain affrontement. Devant les caméras, GSP met le feu aux poudres en déclarant qu'il n'a pas été impressionné par la performance du champion. Le ton est donné !

La rencontre a lieu huit semaines plus tard, le 18 novembre 2006, à Sacramento, en Californie. Il y a déjà deux ans que Matt Hughes lui a infligé sa première défaite. Et Georges n'a pas oublié. Il a appris des erreurs passées.

Cette fois-ci, Matt Hughes ne verra pas de peur dans les yeux de Georges. Mais plutôt de la confiance. Les choses ne se passeront pas de la même façon !

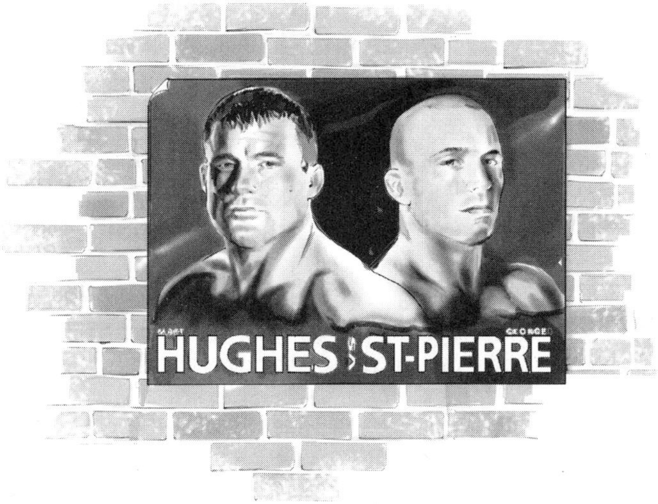

***

— Est-ce que Georges va l'emporter ?

— Bel essai, Léo ! Si tu crois que je vais te dévoiler l'issue du combat maintenant, tu te trompes ! Tu ferais mieux de t'armer de patience, car tu ne connaîtras le résultat qu'à la fin de l'histoire !

— D'accord…

***

Round 1

Le plan de match est clair. Pour l'emporter, GSP doit éviter d'aller au sol. Le tapis est un véritable terrain de jeu pour Matt Hughes, qui maîtrise les techniques de lutte mieux que quiconque. Le Québécois utilise bien ses poings et ses pieds en début de combat pour conserver une distance avec son adversaire.

Rapidement, la foule se range derrière l'Américain. Georges réussit un coup de pied arrière qui atteint Matt Hughes de plein fouet dans les côtes. Le champion recule de quelques pas. Les deux adversaires sourient et se tapent dans la main.

Déjà qu'il n'est pas le favori de la foule, Georges ne se fait pas d'amis en atteignant deux fois Matt Hughes d'un coup de pied à l'aine, près de l'entrejambe. Chaque fois, l'arbitre intervient auprès de Georges. Les spectateurs n'apprécient pas ce geste et laissent savoir leur mécontentement.

De plus en plus impatient, Matt Hughes tente une projection au sol vers la fin du round, mais GSP refuse l'invitation. Avec moins de 10 secondes à faire à l'assaut, Georges réussit un superbe coup de poing *Superman* qui ébranle et envoie le champion au sol. Le Québécois se lance sur Matt Hughes pour le mettre K.-O. Celui-ci est toutefois sauvé par le son de la cloche. Il a eu chaud.

Round 2

Georges entame le deuxième assaut comme il a terminé le premier : en contrôle. Installé confortablement au centre de l'octogone, l'aspirant atteint à deux reprises Matt Hughes. Depuis le début du combat, GSP a constaté que l'Américain est très méfiant de ses coups aux jambes. Georges effectue alors une feinte et décoche une puissante frappe de la jambe gauche. Ébranlé, le champion s'écroule au sol. Le Québécois est bien déterminé à gagner. Il se lance sur son adversaire. L'arbitre s'interpose et met fin au combat.

Euphorique, Georges saute de joie, puis tombe à genoux, les larmes aux yeux. À 25 ans, il est le nouveau champion du monde des poids mi-moyens de l'UFC. Les membres de son équipe s'empressent de lui sauter dessus ! C'est la joie de la victoire !

Comme l'a fait Matt Hughes lors de sa victoire contre lui, Georges se relève et se fraye un chemin dans l'octogone pour le féliciter et le serrer dans ses bras. Pendant ce temps, le célèbre annonceur maison Bruce Buffer prend le micro :

— Votre gagnant, par arrêt de l'arbitre à 1:25 du deuxième round, le nouveau champion du monde des poids mi-moyens de l'UFC : Georges « Rush » St-Pierrrrrrre !

Alors qu'un membre de son équipe lui met la ceinture autour de la taille, Georges ne peut s'empêcher de repenser à son enfance, à toutes ces années où il a subi de l'intimidation.

Peu importe la suite de sa carrière, Georges sera à tout jamais un champion. Une légende est née.

***

— *Est-ce normal que Georges ait serré son adversaire dans ses bras ? C'est bizarre, non ? Ils ne sont pas amis pourtant...*

— *Tu sais, ce n'est pas parce que deux combattants se donnent des coups qu'ils se détestent forcément. Au contraire. C'est dans la nature de leur sport. En fait, il y a un respect mutuel entre eux. La plupart des combattants apprécient les efforts de leurs adversaires et comprennent qu'ils sont passés par un cheminement similaire. C'est un geste de reconnaissance et de considération.*

— *Ah ouin ! s'exclame Léo.*

7

UN PREMIER K.-O.

Nouvellement champion du monde de l'UFC, Georges voit sa vie changer. Dans la rue, les gens l'arrêtent constamment pour prendre des photos et avoir son autographe. Les commanditaires, eux, se l'arrachent. L'argent n'est plus un problème : Georges ne manque plus de l'essentiel !

Les médias font la file pour avoir une entrevue. Au gymnase, les athlètes se bousculent pour lui piquer un brin de jasette. Tout le monde lui répète à quel point il est talentueux et exceptionnel. Georges se rend compte que le statut de vedette a un prix.

Quatre mois après sa victoire contre Matt Hughes, la fierté de Saint-Isidore doit effectuer sa première défense de titre. Le combat doit initialement avoir lieu le 3 février, mais une blessure mineure au genou contraint le champion à repousser la date de l'évènement. C'est finalement le 7 avril 2007, à l'occasion de l'UFC 69 à Houston, au Texas, que Georges verra son nom pour la première fois en tête d'affiche.

Son adversaire sera Matt Serra. Celui-ci s'est qualifié pour un combat de championnat après avoir remporté une série télévisée qui mettait aux prises des combattants d'arts martiaux mixtes.

Issu du même moule que B.J. Penn, celui qu'on surnomme « La Terreur » est un combattant de petite taille (5 pieds 6 pouces) qui est passé maître dans l'art du jiu-jitsu brésilien. À 32 ans, l'Américain n'a pas une feuille de route très garnie. Malgré son manque d'expérience, il a affronté des adversaires coriaces que Georges connaît très bien : Ivan Menjivar, Karo Parisyan et B.J. Penn.

Les combats préliminaires s'enchaînent et c'est l'heure de la finale au Toyota Center de Houston. Pour la première fois de sa carrière, Rush entend le célèbre annonceur maison Bruce Buffer le présenter en tant que champion du monde en titre des poids mi-moyens. Il a des frissons. Il est dorénavant considéré comme l'adversaire qu'il faut battre pour connaître la gloire.

Georges bénéficie d'une portée beaucoup plus longue que Matt Serra tout simplement parce qu'il a de plus longs membres. Et il utilise cet avantage en début de combat. Avec ses jambes, il parvient à conserver une bonne distance. Matt Serra possède une garde étanche qui lui permet de s'approcher du Québécois, de lancer quelques frappes rapides et de reculer aussitôt.

Trois minutes se sont écoulées. Soudainement, Rush se fait prendre par surprise par un puissant crochet de la droite de Matt Serra. Il est ébranlé. Il tente de reculer pour retrouver ses esprits, mais ses genoux fléchissent. Son adversaire flaire la bonne affaire. Il fonce vers lui et lance plusieurs coups qui envoient le Québécois au tapis.

L'Américain ne le lâche pas. Rush parvient à s'extirper de peine et de misère. Il n'a pas le temps de remettre ses yeux en face des trous que l'autre lui inflige une autre puissante frappe de la droite. Le champion est une fois de plus au sol. Il tente par tous les moyens de s'agripper aux chevilles de son rival, mais ça ne fonctionne pas. Il réussit miraculeusement à revenir sur ses pieds, alors que son adversaire est toujours à sa poursuite. « La Terreur » atteint encore Rush d'un solide coup au menton qui le projette au sol, sur le dos. C'est le coup de grâce. Matt Serra termine le travail de démolition. Georges n'est plus en mesure de se défendre. L'arbitre s'interpose entre les deux pour mettre fin au combat.

Tandis que Matt Serra savoure son nouveau titre, Georges, lui, doit remettre sa ceinture de champion dès sa première défense. Il s'agit seulement d'une deuxième défaite en carrière pour le Québécois.

Georges est mal en point. Pas seulement d'un point de vue physique. Ce soir-là, c'est son ego qui en a pris un coup. De retour au Québec, comme il l'a souvent fait, il s'isole. Il remet sa carrière en doute. Il en veut au monde entier, mais surtout à lui-même. Il a l'impression que, avec cette défaite, il est passé de héros à zéro, bien que dans la réalité ce ne soit pas le cas. Il ne voit pas comment il va se relever.

Pour surmonter cette dure épreuve, Georges décide de consulter un psychologue sportif. Cette décision changera sa vie. Au fil des rencontres avec son psy, il parvient à prendre du recul afin d'analyser à tête reposée sa défaite contre Matt Serra.

Dans son cheminement, il détermine « l'orgueil » comme principale cause de sa déconfiture. Après avoir encaissé le solide coup à la tête, Georges aurait dû gagner du temps pour retrouver ses esprits plutôt que de chercher à être droit comme une barre. Un geste de pure fierté. Il se fait la promesse de ne plus jamais se laisser emporter par ses émotions.

En plus de son orgueil mal placé, Georges constate qu'il avait peut-être sous-estimé son adversaire. Il n'est pas rare qu'un nouveau champion fasse preuve d'un excès de confiance… et se fasse jouer un mauvais tour. S'il s'était méfié, s'il avait été préparé adéquatement, Georges aurait été plus en contrôle.

Il prend ensuite la décision de faire du ménage dans sa vie personnelle. Finies les sorties dans les bars, les distractions inutiles. Place aux bonnes habitudes de vie. Il demande à Firas Zahabi de devenir son entraîneur-chef. Une décision qui aura un impact extraordinaire sur la suite de sa carrière.

La relation d'amitié entre les deux hommes remonte au début des années 2000. C'est en suivant David Loiseau au gym Tristar que GSP avait fait la rencontre de Firas Zahabi. Sans le savoir, les deux combattants ont plus d'un point en commun.

Comme Georges, Firas Zahabi a été victime d'intimidation pendant sa jeunesse. Ses compagnons de classe se moquaient de lui en raison de son physique. Puis, en 1993, il a eu la piqûre des arts martiaux en regardant Royce Gracie à l'UFC 1. Il a obtenu son diplôme universitaire en philosophie, mais il a fait des arts martiaux mixtes son métier. S'il remporte des compétitions, c'est plutôt en enseignant qu'il gagne sa vie.

Les deux partenaires effectuent régulièrement les voyages à New York ensemble pour assister aux cours de Renzo Gracie. Ils deviennent inséparables. Ces nombreuses balades en voiture serviront à tisser de forts liens d'amitié tant à l'intérieur qu'à l'extérieur de l'octogone.

En 2007, Firas Zahabi prend la décision audacieuse de devenir propriétaire du gym Tristar. Sa deuxième maison devient officiellement son lieu de travail. Il veut consacrer tout son temps à l'enseignement. Ce choix fait grand plaisir à Georges, qui souhaite être dirigé par un entraîneur-chef dévoué.

Aujourd'hui, les plus grandes vedettes des arts martiaux mixtes viennent de partout à travers le monde pour s'entraîner chez Zahabi. Lorsqu'elles franchissent les portes, ces superstars sont entourées par les nombreuses affiches de GSP qui tapissent les murs. Des photos qui rappellent que, avec beaucoup de volonté, tout est possible.

Ces changements seront grandement bénéfiques pour Georges. La motivation est de retour et la confiance aussi. Georges s'entraîne chaque jour avec la ferme intention de reprendre ce qu'il croit être son dû : la ceinture de champion.

Quatre mois après son cuisant revers contre Matt Serra, Georges trouve sur son chemin Josh Koscheck. Les deux se connaissent bien, car, quelques mois avant leur affrontement, ils ont participé à la saison 4 de la téléréalité *The Ultimate Fighter*.

Durant cette saison, le combattant québécois Patrick Côté, un bon ami et partenaire d'entraînement de Georges, s'est fait connaître en prenant part à la finale chez les poids moyens.

Le 25 août 2007, Georges fait taire ses détracteurs en remportant son duel face à Josh Koscheck par décision unanime. Une étape de plus vers le retour au sommet.

Avec une fiche de 14 victoires contre seulement deux défaites, le Québécois est le nouvel aspirant pour le titre. Il entend bien prendre sa revanche contre Matt Serra, mais le champion doit renoncer à la défense de sa ceinture en raison d'un problème au dos. Un titre intérimaire chez les mi-moyens est alors mis à l'enjeu. En fin renard, le grand patron de l'UFC, Dana White, propose à deux combattants qui se connaissent bien d'en découdre : Georges St-Pierre et Matt Hughes.

Le 29 décembre 2007, à l'occasion de l'UFC 79, Georges et Matt Hughes se retrouvent pour une troisième et dernière fois dans l'octogone pour enterrer définitivement la hache de guerre. À cinq secondes de la fin du deuxième round, GSP effectue une clé de bras parfaite qui oblige Matt Hughes à abandonner. Il décroche le titre intérimaire des poids mi-moyens et remporte la soumission de la soirée. Mais l'étiquette d'« intérimaire » l'agace. Il veut être le champion incontesté.

Le 19 avril 2008, après un an d'attente à manger son pain noir (ce qui veut dire traverser une période difficile...), Georges obtient enfin la chance de ravir le trône à Matt Serra. Ennuyé par les blessures, Matt Serra n'a pas défendu son titre depuis qu'il l'a dérobé à Georges 12 mois plus tôt.

Cette date est encerclée sur le calendrier de Georges depuis longtemps. Au-delà de la ceinture, de la revanche et des règlements de compte, il veut prouver au monde entier que son premier revers contre Matt Serra n'était qu'une simple erreur de parcours. Il veut se présenter comme étant plus posé, plus expérimenté et plus ambitieux.

Il est d'ailleurs très excité à l'idée de pouvoir reconquérir le sommet de sa division devant les siens, au Centre Bell à Montréal.

***

Motivé par l'énergie de la foule, Georges domine le premier round du combat. Vers la fin du deuxième engagement, après avoir passé plusieurs minutes sur Matt Serra, Georges ouvre la machine et loge plusieurs coups de genou au corps de son adversaire. Devant la raclée que Matt Serra subit, l'arbitre québécois Yves Lavigne sépare les deux hommes et met fin au combat. Georges est à nouveau champion du monde. Il célèbre ce grand accomplissement en effectuant une culbute arrière au centre de l'arène ! La foule partage sa joie et crie son nom : « GSP ! GSP ! »

Une charge d'amour indescriptible pour le petit Québécois de Saint-Isidore.

Avec cette victoire, il devient le quatrième champion de l'UFC à remporter pour une seconde fois la même ceinture.

Georges redevient l'homme à battre chez les mi-moyens. Après s'être accordé une petite pause bien méritée, il effectue sa première défense de titre quatre mois plus tard contre l'Américain Jon Fitch.

GSP ne tombe pas dans le même piège que la dernière fois. Il ne prend pas cet engagement à la légère et s'entraîne avec intensité. Le 9 août 2008, il prouve que son succès n'est pas qu'un simple feu de paille ! Il l'emporte par décision unanime contre Jon Fitch à Minneapolis, au Minnesota. Les attentes étaient élevées, mais Georges les surpasse. Il se voit d'ailleurs décerner la mention du combat de la soirée.

Il retrouve ensuite un adversaire qu'il connaît bien, B.J. Penn, pour la seconde défense de son titre. Le verdict est sans équivoque : devant la domination de Georges, le coin de B.J. Penn lance la serviette. Le nom de Rush est alors sur toutes les lèvres.

Il est, livre pour livre[4], le meilleur combattant au monde. Et le plus populaire. Les gens se déplacent de partout à travers le monde pour voir les prouesses du prodige québécois. Il remplit les arénas aux quatre coins de l'Amérique. Devant sa popularité grandissante, tous les gros ténors de sa division veulent l'affronter. Georges ne refuse aucun défi et passe coup sur coup le Brésilien Thiago Alves et l'Anglais Dan Hardy, avant d'accorder un combat revanche à Josh Koscheck devant parents et amis à Montréal.

Fort d'une séquence de huit victoires d'affilée, Georges se voit mettre un adversaire de taille sur son passage. Le 30 avril 2011, il doit affronter à Toronto Jake Shields, un Américain fort talen-

4. Expression qui signifie qu'il est le meilleur combattant de l'UFC toutes catégories de poids confondues.

tueux qui est invaincu à ses 15 derniers combats. Georges travaille plus fort que d'habitude contre le numéro 2 mondial, mais, grâce à sa force de frappe et à sa vitesse, il parvient à assurer la sixième défense consécutive de son titre devant la plus grande foule de l'histoire de l'UFC.

Comme il le fait après chaque consécration en championnat, il remet sa ceinture à une personne de sa garde rapprochée qui l'a épaulé dans son objectif. Cette fois, il la donne à son entraîneur et frère d'armes, Firas Zahabi.

Tout semble sourire à Georges. Il flotte sur un nuage. Toutefois, un triste évènement viendra bientôt tout chambouler.

***

Léo est soudainement déçu.

— Ah non ! Pas encore une épreuve ! Pourquoi ça ne peut pas juste être simple ?

— Nous aimerions tous que ce soit facile, Léo. Mais c'est grâce aux épreuves et aux échecs qu'on apprend et qu'on avance dans la vie. C'est en faisant face à l'adversité qu'on devient plus fort. Toi, par exemple, tu es en train d'apprendre quelque chose justement grâce au fait que ta journée a mal commencé ! Écoute la suite de mon histoire, tu vas comprendre ce que je veux dire…

8

UN RENDEZ-VOUS RATÉ

Le 29 octobre 2011, Georges doit affronter l'Américain Nick Diaz à Las Vegas dans le cadre de l'UFC 137. Champion des mi-moyens de l'organisation Strikeforce (la petite sœur de l'UFC), Nick Diaz est une véritable peste. Il est un agitateur qui travaille parfois plus fort de la mâchoire que du reste du corps. Mais il est un excellent combattant avec un cardio d'enfer. C'est un affrontement qui excite Georges au plus haut point.

Nick Diaz rate deux activités de promotion à Toronto et à Las Vegas visant à mousser la grande finale du gala. Devant ces écarts de conduite, le grand manitou Dana White n'a d'autre choix que de suspendre l'aspirant champion et de le remplacer par un autre adversaire, Carlos Condit.

Toutefois, deux semaines avant le combat, une tuile s'abat sur la tête de Georges. Lors de son dernier weekend d'entraînement au gym Tristar, il aggrave une blessure au genou en tentant d'empêcher une invitation à se battre au sol. Georges se rend immédiatement chez le médecin pour obtenir une évaluation. Le médecin lui annonce qu'il doit se retirer de la compétition pendant au moins quatre semaines, le temps de soigner une élongation du ligament du genou droit. L'UFC décide de ne pas le remplacer et d'attendre qu'il soit complètement rétabli de sa blessure. Le combat est remis au 4 février 2012.

Georges a bon espoir d'être prêt à la date prévue. Au moment même où il planifie ses prochaines semaines de physiothérapie, son téléphone sonne. C'est son chirurgien orthopédiste, Sébastien Simard. Il a une mauvaise nouvelle à lui annoncer.

— Salut, Georges. J'ai reçu les résultats de l'examen d'imagerie par résonance magnétique pratiqué lundi. Je n'irai pas par quatre chemins : le ligament croisé antérieur de ton genou droit est complètement déchiré. Tu dois subir une importante chirurgie. Tu devras faire une croix sur les arts martiaux mixtes pendant un bon bout.

Georges raccroche, incrédule. Les mots lui manquent. La Terre vient d'arrêter de tourner. L'optimisme fait place à la peur. Il ne peut concevoir un avenir sans les applaudissements de la foule. Reviendra-t-il un jour dans l'octogone? L'avenir n'a jamais été aussi incertain…

Georges appelle son médecin 10 fois dans la journée dans l'espoir qu'il se soit trompé de dossier. Mais le verdict est sans équivoque.

Sans perdre un instant, il s'installe à son ordinateur et part à la recherche du meilleur chirurgien. Il dresse une liste des meilleurs candidats et arrête son choix sur le docteur Neal ElAttrache, médecin des Dodgers de Los Angeles, une équipe professionnelle de baseball. Plusieurs athlètes professionnels qui ont subi le même type de blessure ont fait appel aux services du Dr ElAttrache. Il est le meilleur de sa profession. L'intervention chirurgicale sera effectuée à Los Angeles, en Californie.

Entre-temps, Dana White brasse encore ses cartes. C'est finalement Nick Diaz et B.J. Penn qui feront les frais de la finale de l'UFC 137. Au terme d'un combat très serré, Nick Diaz l'emporte par décision unanime des juges. Questionnée au centre du ring par l'animateur Joe Rogan au sujet de la blessure de Georges, la petite peste répond ceci :

— Je ne pense pas qu'il soit blessé. Je pense qu'il a peur de m'affronter. Où es-tu, Georges ?

Georges est sur place et entend tout. Il sourit devant les caméras, mais il bouille intérieurement. Il est impuissant devant la situation et cela le met en colère. S'il n'en tenait qu'à lui, il serait déjà dans l'octogone à faire ravaler ses paroles à Diaz. Il n'en fallait pas plus pour réveiller la bête. Voilà une raison supplémentaire pour guérir le plus rapidement possible.

9

LE DÉFI DE SA CARRIÈRE

En décembre 2011, Georges s'envole donc en direction de la côte ouest américaine en compagnie de son gérant, Rodolphe Beaulieu. Le matin de l'opération, il est très nerveux. En fait, il n'a jamais été stressé comme ça. Rodolphe doit le traîner de force dans la voiture. Il est effrayé à l'idée que son corps rejette la greffe. Il est surtout conscient qu'il pourrait se réveiller et ne plus jamais être le même athlète.

Une fois à l'hôpital, Georges remplit de la paperasse administrative, fait une accolade à son partenaire et suit l'infirmière vers le bloc opératoire. Les prochaines heures seront déterminantes pour la suite de sa carrière.

Quatre heures plus tard, Rodolphe va retrouver son meilleur ami dans la salle de repos. Celui-ci souffre beaucoup, mais l'opération s'est déroulée à merveille !

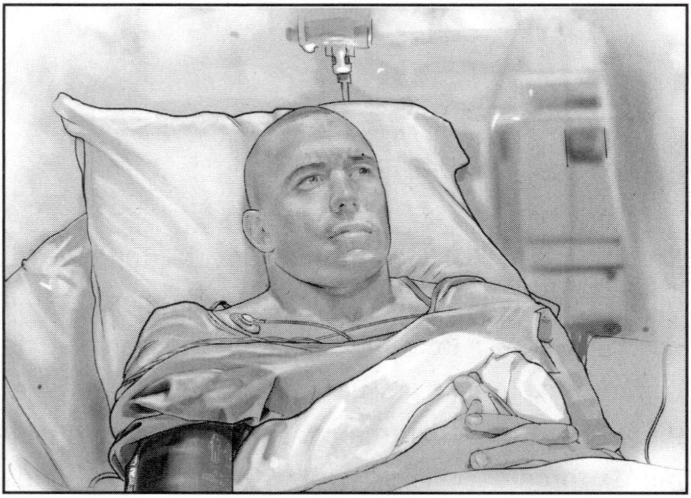

À son réveil, la première chose que Georges dit, c'est qu'il va botter les fesses à Nick Diaz. Fiou, les médecins ne l'ont pas lobotomisé !

Il appelle ensuite sa mère pour la rassurer et lui dire que l'opération a été un grand succès. Maintenant, le plus dur est à venir. La réhabilitation. Et les prochains mois ne s'annoncent pas de tout repos. Convalescence, physiothérapie, entraînement.

Georges est sérieux dans sa démarche. Pour mettre toutes les chances de son côté, il décide de s'établir à Los Angeles pour les prochains mois. Il veut être entouré de la meilleure équipe possible et bénéficier des meilleures installations à la fine pointe de la technologie.

Alors en convalescence, Georges veut retourner au Québec pour célébrer Noël avec sa famille. Son médecin refuse de le laisser partir. Son genou est encore trop instable pour qu'il prenne l'avion. Les turbulences pourraient avoir des effets néfastes. Il doit donc faire une croix sur l'excellente tourtière de sa mère. Son médecin l'invite néanmoins à célébrer le 25 décembre chez lui, dans sa famille.

Lorsque Georges entre dans la maison de son médecin, il remarque un visage qu'il connaît bien. C'est celui de l'acteur Sylvester Stallone, une grande vedette hollywoodienne, célèbre entre autres pour ses rôles de Rocky et Rambo. Sylvester Stallone est le beau-frère de son médecin. Tu parles d'une surprise ! Georges appréciera la dinde et le boudin, mais encore plus les conversations avec un de ses acteurs préférés !

10

UN ÉVÈNEMENT QUI CHAMBOULE TOUT

Georges effectue sa réhabilitation au Sport Science Lab, le meilleur programme de réadaptation et de physiothérapie à San Diego. Le fondateur de ce complexe, Gavin MacMillan, accompagne Georges dans ce dur processus. Et le moins qu'on puisse dire, c'est qu'il ne ménage pas notre athlète : corde à danser, anneaux de gymnastique, piscine, piste de course. Rien n'est laissé au hasard. Son équipe lui interdit d'ailleurs de se surentraîner. Maniaque de l'entraînement, Georges doit apprendre à s'accorder de plus grandes périodes de repos et à être plus à l'écoute de son corps.

Georges en profite également pour travailler sur la « solidité » de son mental. Loin des caméras, des regards et de la pression, il y voit l'occasion de se redéfinir. Car, avant sa blessure au genou, il avait commencé à ressentir une certaine fatigue mentale. La motivation d'aller suer au gym n'y était plus. Cette longue pause lui permet donc de se poser plusieurs questions auxquelles il n'avait jamais eu la chance de répondre.

Pendant ce temps, le 4 février 2012, l'UFC décide de mettre la ceinture intérimaire des poids mi-moyens à l'enjeu. En l'absence de GSP, la catégorie doit se doter d'un nouveau champion. Les aspirants numéros 2 et 3, Nick Diaz et Carlos Condit, sont choisis pour s'affronter.

Aux abords de l'octogone, à Las Vegas, Georges regarde attentivement le combat. Son prochain adversaire se trouve à l'intérieur de la cage. Son plus grand souhait? Que Nick Diaz l'emporte. Or, le Québécois ne verra pas son souhait exaucé. Au terme d'un duel chaudement disputé, Carlos Condit célèbre sa victoire par décision unanime. Georges est déçu. Le scénario vient de changer. Il doit maintenant battre Carlos Condit avant de pouvoir régler ses différends avec Nick Diaz. Et il n'aime pas voir SA ceinture être à la taille d'un autre combattant.

II

DES DOUTES PERSISTANTS

Après une longue période de convalescence de neuf mois, Georges obtient le feu vert des médecins. Son genou est complètement rétabli. Il peut enfin remonter dans l'octogone pour reprendre sa ceinture des mains de Carlos Condit. Deux mois avant son combat, il amorce un camp d'entraînement intensif pour retrouver la forme d'un combattant.

Son entraîneur, Firas Zahabi, est aux premières loges pour constater que le travail est loin d'être terminé. Georges est en forme, oui, mais pas aussi en forme que devrait l'être un champion du monde de l'UFC. Il n'a pas de cardio. Il hésite avant de lancer un jab. Il cherche comment effectuer une soumission. Bref, c'est comme s'il ne savait plus se battre. Lors des premières séances d'entraînement, il n'est pas capable de maintenir le rythme face à des combattants amateurs plus petits que lui. Et ce ne sont que des combats de trois rounds.

Contre Carlos Condit, il devra se démener pendant cinq assauts. C'est le cas de le dire, Georges est de retour à la case départ. Firas Zahabi en vient même à se demander s'il ne devrait pas lui proposer de se désister du combat…

Comme tout grand champion, Georges met les bouchées doubles et retrouve sa forme d'antan. Quelques jours avant la date fatidique, il rencontre les médias. Il assure aux journalistes que son genou est rétabli à cent pour cent. C'est comme s'il ne s'était jamais blessé. Il entend bien dissiper les doutes sur sa blessure.

17 novembre 2012. Dix-neuf mois après son dernier combat, c'est le grand retour de Georges dans un octogone. Et, pour l'occasion, le Centre Bell est plein à craquer. Plus de 17 000 spectateurs sont massés pour l'encourager. Rodolphe Beaulieu est assis avec les parents de Georges dans les premières rangées. Plusieurs vedettes québécoises

et internationales sont également présentes. Des confrères de l'UFC, comme le champion des 185 livres, Anderson Silva, ont fait le voyage pour ne rien manquer de l'évènement.

12

LE GRAND RETOUR

Dans le vestiaire, avant son combat, GSP ressent le syndrome de l'imposteur. Il ne se considère plus comme le champion, mais davantage comme l'aspirant. Il sait qu'il a quelque chose à prouver à lui-même et aux autres. Il est très stressé. Il ne cherche surtout pas à se raconter des histoires : si ça se passe mal pour lui, il sait que c'est terminé. Il parvient même à désamorcer cette ambiance lourde par l'humour. À la blague, il dit à son équipe qu'il va effectuer son entrée dans l'octogone en boitant, escorté par son ami Kristof Midoux !

Lors de la marche qui le mène du vestiaire à l'octogone, Georges reçoit une vague d'amour des spectateurs comme il n'en a jamais eu auparavant. La foule est survoltée ! C'est le grand retour de l'enfant prodige. Le stress est palpable. Que le combat commence !

Dès les premiers instants, le favori de la foule prend possession du centre et garde ses distances. Il dicte l'allure. Après quelques minutes, Georges réussit sa première soumission. Il loge quelques coups. Carlos Condit se relève, mais il en a plein les bras. Au terme du premier round, Georges regagne son coin, accompagné d'un tonnerre d'applaudissements. Les repères sont retrouvés, les doutes sont dissipés. La blessure n'existe plus. Le Québécois est bel et bien de retour.

Le round qui suit est également à l'avantage de Rush. Firas Zahabi est satisfait. Le plan de match est respecté au pied de la lettre. Toutefois, lors du troisième round, alors que Carlo Condit semble être en déséquilibre, celui-ci parvient à lancer un coup de pied qui atteint Georges directement sur le côté droit de la tête. Le Québécois est projeté au sol. Il est ébranlé. Tout le monde retient son souffle. Certains ont la main sur la bouche, d'autres détournent le regard. On peut entendre une mouche voler.

Carlos Condit se lance sur Georges. Il entend bien en finir avec le champion. Le moment paraît interminable. Roland, le père de Georges, bondit de son siège et se met à frapper dans le vide, impuissant devant la situation.

Après avoir encaissé quelques coups, Georges réussit à se redresser. Une nation entière pousse alors un gros soupir de soulagement. En vrai champion, il reprend le contrôle du combat. Les rounds 4 et 5 sont à l'image des deux premiers. Au bout de 25 minutes, la cloche sonne. Georges, qui a tout donné dans l'octogone, lève les bras dans les airs. Il l'emporte par décision unanime. Il s'agit d'une dixième victoire de suite pour le Québécois.

Les spectateurs se font l'accolade. Les parents de Rush s'étreignent. Ils sont soulagés que le genou de leur fils ait résisté. Ils sont invités à le rejoindre dans l'octogone. Pendant que Georges met sa ceinture autour de la taille de sa mère, son père lui dit qu'il a eu des frissons pendant le duel.

Après la victoire, un de ses acteurs préférés, Arnold Schwarzenegger, appelle Georges pour le féliciter.

Sur les réseaux sociaux, Nick Diaz dit qu'il n'a pas été impressionné par la victoire de Georges. Tout pour mettre de l'huile sur le feu. Et il n'est pas sans savoir qu'il est le prochain sur sa liste.

À ce moment, plusieurs experts considèrent cette victoire comme un des plus grands retours sportifs de tous les temps.

Mais Georges leur réserve une autre surprise.

***

Le son de la cloche se fait entendre. Mme Julie s'interrompt.

— Mais vous n'avez pas terminé votre histoire ! S'il vous plaît, racontez-moi la fin. Vous ne pouvez pas me renvoyer en classe maintenant !

— Il n'en est pas question, Léo. Tu vas être en retard. Allez !

Léo la quitte en boudant un peu… À l'heure du lunch, il mange son repas à la vitesse de l'éclair et se présente au gymnase.

— Madame Julie, accepteriez-vous de me raconter la fin de l'histoire ? Je veux vraiment savoir ce qui va se passer avec Georges.

— Tu es curieux, toi ! D'accord, viens t'asseoir. Où en étions-nous déjà ?

— Georges devait affronter Nick Diaz !

13

LE DUEL TANT ATTENDU

Les deux dernières années ont été éprouvantes pour Georges. Après sa victoire contre Carlos Condit, il décide de s'accorder quelques jours de vacances à Tokyo, au Japon. Il visite entre autres quelques écoles d'arts martiaux et partage son savoir avec les jeunes de la relève.

À son retour au Québec, il voit son souhait le plus cher se réaliser. Le 16 mars 2013, au Centre Bell, Georges mettra sa ceinture de champion des poids mi-moyens à l'enjeu contre son redoutable adversaire, Nick Diaz. L'attente a assez duré. Il est temps qu'ils s'affrontent.

La semaine qui précède le combat, Nick Diaz insulte Georges sur les différentes tribunes. Georges est piqué au vif. Le Québécois brûle d'envie d'embarquer dans son jeu, mais il ne tombe pas dans le piège. Par respect pour lui-même, son sport et

ses convictions, il préfère ne rien dire et se défouler au gym. Nick Diaz ne perd rien pour attendre.

Georges n'a toujours pas pardonné à Nick Diaz les propos qu'il a tenus à son égard alors qu'il était blessé. Il ne faut jamais remettre en question son intégrité et son désir de se battre.

Georges doit se méfier de Nick Diaz. Il a une solide mâchoire et son réservoir d'énergie paraît illimité. Rush doit surtout éviter de laisser ses émotions prendre le dessus. Il n'a jamais été aussi en colère contre un adversaire, et il sait que la colère ne doit pas le déconcentrer.

Le Québécois agit dans l'octogone comme lui seul sait le faire. D'un bout à l'autre du combat, il prouve pourquoi il est un grand champion. Il domine toutes les facettes du duel. Son adversaire, qui semble être davantage un spectateur qu'un combattant, passe la majorité du temps sur le dos à endurer la leçon d'arts martiaux de Georges.

Le choc se termine et, en bon joueur, Nick Diaz lève le bras du champion pour souligner sa grande performance. Le spectacle n'a pas été incroyable, mais ce n'est pas grave. La foule du Centre Bell est en liesse. Avec cette autre victoire par décision unanime, Georges réalise sa huitième défense de titre d'affilée, ce qui lui confère le deuxième rang dans l'histoire de l'UFC derrière Anderson

Silva avec 10. En conférence de presse après le combat, Nick Diaz revient sur sa contre-performance et exige une revanche. Son vœu ne se réalisera jamais.

Plus tôt dans la soirée, en sous-carte de la finale, Johny Hendricks s'impose en trois rounds contre un ancien adversaire de Georges, un certain Carlos Condit. Le combattant barbu l'emporte par décision unanime au terme d'un duel enlevant qui reçoit le titre de combat de la soirée. Au centre de l'octogone, après sa victoire, Johny Hendricks déclare :

— GSP, si tu gagnes ce soir, je veux te voir ici dans cinq mois contre moi.

À la fin de la soirée, Dana White confirme que Johny Hendricks sera le prochain en lice pour se chauffer contre le champion incontesté.

14

UN RÉSULTAT CONTROVERSÉ

Las Vegas, 16 novembre 2013. Huit mois se sont écoulés depuis la victoire de Georges contre Nick Diaz à Montréal. Le Québécois s'apprête à remettre sa ceinture à l'enjeu pour la neuvième fois de suite. Le prochain sur son passage : Johny Hendricks.

Hendricks, un Américain à la barbe fournie, est réputé pour la qualité de sa lutte et sa force de frappe. L'homme de 30 ans possède une excellente fiche de 15 victoires contre une seule défaite dans l'UFC. Son tableau de chasse est bien garni avec des gains contre Josh Koscheck, Jon Fitch et Carlos Condit. Tous des combattants de talent que Georges a déjà battus.

Sept jours avant le combat, le natif de Saint-Isidore s'installe à l'hôtel avec tous les membres de son équipe. C'est une habitude qu'il a développée lorsqu'il se bat à l'extérieur de Montréal. Les preneurs aux livres considèrent Georges comme favori. Mais plusieurs se méfient d'Hendricks. Il donne l'impression d'un homme qui se bat chaque fois pour sa survie.

Round 1

GSP part en force. Il n'y a pas 15 secondes d'écoulées qu'il envoie déjà Johny Hendricks au tapis. La foule applaudit le geste.

L'Américain a du talent pour la lutte. Le plan de match du Québécois est clair : il veut combattre le feu par le feu. Georges évite une frappe de Johny Hendricks et tente une autre soumission au sol. L'Américain le voit venir et parvient à rester debout. Georges ne lâche pas le morceau et plaque son adversaire contre la clôture. Les « GSP ! GSP ! » commencent à résonner dans l'amphithéâtre. Johny Hendricks se défend avec de bonnes frappes et réussit à inverser les rôles. C'est au tour de Georges d'être assis au sol, dos à la cage. Les coups de l'aspirant sont puissants. Le visage du Québécois est déjà amoché. Hendricks réussit un coup de genou, mais Georges réplique aussitôt avec un coup du pied droit. La longue portée de Georges l'avantage. Il en profite !

Wow ! Quel premier round ! Le moins que l'on puisse dire, c'est que les spectateurs en ont pour leur argent. Georges a dicté le premier engagement et réussi les meilleurs coups. Le round lui appartient.

Le début du deuxième assaut commence avec de bons échanges de boxe. Johny Hendricks se fait patient et pénètre la garde du champion aux moments opportuns. Il réussit à loger quelques bonnes frappes de suite au visage de GSP. Ébranlé, GSP s'empresse d'agripper le cou de l'Américain pour retrouver ses esprits.

Ça tourne autour de lui.

Les deux concurrents prennent leurs distances, mais Johny Hendricks se porte de nouveau à l'attaque. Il place un solide crochet gauche qui fait mal au Québécois. Une fois de plus, Georges est en danger. Il semble être à bout de souffle. Il a l'impression que le round dure depuis 20 minutes. En réalité, il n'y a que la moitié de l'engagement d'écoulée. Il reste encore deux minutes et demie.

Quand Georges réussit un jab, Johny Hendricks réplique avec une frappe encore plus forte. Avec un peu plus d'une minute à faire, le champion réussit un coup de pied circulaire, mais l'Américain reste de glace.

Les combattants regagnent leur coin. Johny Hendricks retrouve les siens le torse bombé. Du côté de Georges, les nombreuses marques sur son visage en disent long sur son état d'esprit. Les points d'interrogation fusent de partout. Ce ne sera pas une partie de plaisir. L'Américain est ici pour gagner.

Le round est à l'avantage du barbu.

Round 3

Johny Hendricks patiente, tout sourire, dans son coin. L'arbitre donne le signal et les deux adversaires reprennent l'action.

Georges assène un coup de pied au mollet de Johny Hendricks. Ce dernier réplique avec un autre coup dévastateur du genou à la tête du Québécois. Les deux pugilistes s'échangent des coups puissants. Brusquement, les frappes de Johny Hendricks ne semblent plus avoir la même force ni la même précision. Il cherche son souffle. A-t-il ouvert la machine trop rapidement?

Georges atteint l'Américain d'un bon crochet du gauche. Les cris de la foule reviennent en force. Une dose d'amour et d'énergie nécessaire qui rassure le champion.

Georges est beaucoup plus en contrôle du centre, alors que Johny Hendricks se porte moins à l'attaque. Vers la fin de l'assaut, l'Américain tente une soumission au sol, mais GSP se défend bien et reste sur ses jambes. Johny Hendricks se montre toutefois plus insistant et parvient à l'amener au tapis. Une projection très payante aux yeux des juges. Avec 10 secondes à égrener au cadran, Georges réussit à se redresser. Les spectateurs applaudissent chaleureusement le spectacle offert par les deux hommes.

Avant d'aller au sol, Georges en avait fait suffisamment pour sécuriser l'assaut. Cette visite obligée au tapis vient toutefois tout changer. Selon l'interprétation, le round peut aller d'un côté comme de l'autre.

Round 4

Après un début d'engagement tranquille, GSP tente d'éviter une frappe et il glisse. Il se retrouve bien malgré lui le dos au sol. Johny Hendricks saute sur l'occasion et sur Georges du même coup. Il ne faut pas oublier que l'Américain est à son meilleur lorsqu'il lutte !

Devant la garde étanche de Georges, il préfère se retirer et laisser le Québécois se relever. Johny Hendricks revient à une formule plus payante : son crochet du gauche. L'Américain réussit une solide combinaison droite, droite, gauche. Ses frappes ont l'effet d'un coup de massue sur le visage de Georges. Il encaisse sans flancher. Il est amoché, mais il est toujours droit comme une barre. Johny Hendricks tente, une fois de plus, de terminer le round en force en amenant le duel au sol. Georges refuse l'invitation.

Aucun doute, cette manche va à Johny Hendricks. Il y aura un dernier round !

Round 5

Plus que cinq minutes à faire. Les deux combattants sont conscients qu'ils doivent tout donner. Rien n'est assuré. Le pointage peut pencher d'un côté comme de l'autre. Au cours de sa carrière, Georges n'a jamais été envoyé au sol trois fois lors d'un combat. Présentement, le compteur est à deux. Pour éviter d'écrire un record peu enviable, Georges invite Johny Hendricks à le suivre au sol. L'Américain utilise bien son centre de gravité et il refuse de céder. Il vient bien près d'agripper le bras de Georges, mais il s'en sort avec deux frappes. Georges se porte encore à l'attaque et sert une superbe combinaison qui se termine en une projection au sol. Une manœuvre qui vaut son pesant d'or. Le Québécois tente de le saisir par l'arrière. Johny Hendricks se remet vite sur pied.

Avec une minute à faire au combat, Georges entreprend une autre projection au sol. Johny Hendricks résiste un court moment, mais l'acharnement de Georges fait son œuvre et il se retrouve les jambes dans les airs. L'Américain ne reste pas dans cette position bien longtemps. Cette deuxième visite au sol permet cependant à Georges de sécuriser le round.

La sirène retentit. Le combat est terminé. Johny Hendricks bondit de joie. Dans la tête de l'Américain, il ne fait aucun doute qu'il mérite de remporter ce duel. Georges se fait plus discret derrière l'aspirant. Les poids mi-moyens vont-ils couronner un nouveau monarque?

Les juges remettent leur carte. Chacune d'elles donne trois rounds au gagnant et deux au perdant.

Deux des trois juges ont le même vainqueur. C'est une décision partagée.

L'animateur maison Bruce Buffer prend le micro et dévoile le résultat.

— Le gagnant et… ENCORE champion du monde incontesté des poids mi-moyens de l'UFC, Georges « Rush » St-Pieeeeeerre !

Georges lève les bras, Johny Hendricks s'écroule. C'est la consternation dans les estrades du MGM Grand. Les 15000 spectateurs n'en reviennent pas. Plusieurs d'entre eux ne se gênent pas pour huer et laisser savoir leur mécontentement.

Avec une 19e victoire dans l'UFC et 12e victoire en combat de championnat, Georges est officiellement le combattant le plus prolifique de l'histoire de l'organisation. L'animateur Joe Rogan rejoint le champion au centre de l'octogone pour connaître ses impressions.

Le Québécois reconnaît qu'il vient de disputer le combat le plus difficile de sa vie. Il s'apprête à annoncer une décision que personne n'a vu venir.

— Il y a un paquet de trucs qui se passent dans ma vie. Je dois accrocher les gants pour un bout. J'ai des problèmes personnels à régler.

Stupéfait, l'animateur lui demande s'il va prendre sa retraite. Georges répète qu'il a besoin de prendre une pause hors de l'octogone pour mettre de l'ordre dans ses idées.

En conférence de presse après le combat, le grand patron Dana White en ajoute une couche en disant que Johny Hendricks s'est fait voler la victoire.

— Je ne comprends pas pourquoi Georges a gagné ce combat. Je ne crois pas qu'il a remporté ce duel. Je veux ce qui est juste, et cette décision ne l'est pas.

Assis à la table devant les journalistes, Georges, le visage amoché, réitère son souhait de se retirer quelque temps hors de la compétition pour des raisons personnelles.

— Je comprends que c'est mauvais pour l'UFC si je pars comme ça. Mais je dois faire le point. Je ne peux pas dormir la nuit, je deviens fou.

***

Dana White envisage rapidement un combat revanche entre les deux athlètes. Toutefois, le 13 décembre 2013, un mois après sa victoire controversée, Georges fait le point sur sa carrière lors d'une conférence téléphonique avec les médias. Il annonce qu'il prend officiellement une pause de l'UFC pour une période indéterminée. Il s'agit d'une décision mûrie et bien réfléchie. Il explique que la pression est devenue insoutenable et difficile à gérer. Les 10 dernières années passées dans les arts martiaux mixtes ont défilé à vive allure. À 32 ans, il veut décrocher de ce mode de vie et retrouver un semblant de vie normale.

Le Québécois souligne que son choix n'a rien à voir avec sa victoire serrée contre Johny Hendricks. Avec une fiche de 25 victoires et seulement deux défaites, Georges renonce également à son titre de champion des poids mi-moyens. Il se départit donc d'une ceinture qu'il possède depuis près de six ans et qu'il a défendue à neuf reprises.

***

Hors de la compétition, Georges se garde très actif, mais il revient à l'essentiel. Il retrouve son amour pour les arts martiaux. Il se bat pour le plaisir, sans pression. Il voyage partout à travers le monde pour partager son savoir, tout en continuant son apprentissage. Parallèlement, il consacre une partie de son temps à la création d'un syndicat des combattants. Il déplore les conditions de travail et milite pour un meilleur partage des revenus à l'UFC. Il multiplie également les sorties publiques pour sensibiliser les gens au problème de dopage dans son sport. Bref, il ne chôme pas !

Et la machine à rumeurs ne dérougit pas. Certains croient qu'il ne reviendra jamais. D'autres pensent qu'il est trop vieux pour y songer. De nombreuses vidéos du Québécois à l'entraînement alimentent le débat.

Le 18 février 2017, plus de trois ans après sa retraite prématurée, Georges annonce finalement son grand retour dans l'octogone. À 35 ans, un nouveau défi l'attend. Et il a pour nom : Michael Bisping.

La suite, tout le monde la connaît.

NEW YORK
CITY
217
CHAMPION

ÉPILOGUE

Mme Julie a fini de lui raconter l'histoire de Rush. Elle prend Léo par les épaules, le regarde dans les yeux et dit :

« Alors voilà, Léo. C'est l'histoire de Georges St-Pierre. Comme tu peux le voir, chaque chemin est différent. Celui de Georges a été parsemé de plusieurs embûches. Les remises en question ont été nombreuses. À plusieurs reprises, il aurait pu se laisser abattre. Tout abandonner.

Il a été intimidé pendant des années, au cours de son enfance, et ça n'a pas été facile. À force de courage et de détermination, il a transformé toute cette énergie négative en une source de motivation positive. Il s'est entouré des bonnes personnes. Surtout, il s'est trouvé une activité dans laquelle il se sentait valorisé. Georges a trouvé sa voie dans les arts martiaux mixtes.

Au cours de sa carrière, Georges a décroché de nombreuses ceintures. Il a rempli les amphithéâtres et atteint les sommets les plus vertigineux de son sport. Et à ce jour, ce qui le rend le plus fier, c'est le respect qu'il a acquis dans le regard des autres. Ça lui rappelle tout le chemin qu'il a parcouru depuis les heures passées à apprendre les rudiments du karaté dans le sous-sol poussiéreux avec son père.

Grâce à son talent, le petit gars de Saint-Isidore a réussi à marquer son sport. Mais c'est avec son humilité et sa générosité qu'il a marqué la vie de millions de personnes.

Maintenant, c'est à toi de tracer ton propre chemin. Tiens, la cloche sonne, commence donc par retourner en classe ! »

— Je me demande de quoi j'aurais l'air, dans un kimono ?

— Ah ! Je savais que tu aurais la piqûre ! Tu sais que, moi, je suis ceinture noire en taekwondo ?

— Hein ? Pour vrai ! ? !

— Oui ! Mais moi, je n'ai jamais sauté dans une piscine d'eau glacée ! C'est peut-être pour ça que je ne suis jamais devenue championne du monde !

STATISTIQUES

Résultat	Fiche	Adversaire	Méthode	Date	Lieu
V	1-0	Ivan Menjivar	TKO	25 janvier 2002	Montréal, QC
V	2-0	Justin Bruckmann	S	15 juin 2002	Gatineau, QC
V	3-0	Travis Galbraith	TKO	11 octobre 2002	Montréal, QC
V	4-0	Thomas Denny	TKO	25 janvier 2003	Montréal, QC
V	5-0	Pete Spratt	S	29 novembre 2003	Victoriaville, QC
V	6-0	Karo Parisyan	DU	31 janvier 2004	Las Vegas, NV
V	7-0	Jay Hieron	TKO	19 juin 2004	Las Vegas, NV
D	7-1	Matt Hughes	S	22 octobre 2004	Atlantic City, NJ
V	8-1	Dave Strasser	S	29 janvier 2005	Las Vegas, NV
V	9-1	Jason Miller	DU	16 avril 2005	Las Vegas, NV
V	10-1	Frank Trigg	S	20 août 2005	Las Vegas, NV
V	11-1	Sean Sherk	TKO	19 novembre 2005	Las Vegas, NV
V	12-1	B.J. Penn	DP	4 mars 2006	Las Vegas, NV
V	13-1	Matt Hughes	TKO	18 novembre 2006	Sacramento, CA
D	13-2	Matt Serra	TKO	7 avril 2007	Houston, TX
V	14-2	Josh Koscheck	DU	25 août 2007	Las Vegas, NV
V	15-2	Matt Hughes	S	29 décembre 2007	Las Vegas, NV
V	16-2	Matt Serra	TKO	19 avril 2008	Montréal, QC
V	17-2	Jon Fitch	DU	9 août 2008	Minneapolis, MN
V	18-2	B.J. Penn	TKO	31 janvier 2009	Las Vegas, NV
V	19-2	Thiago Alves	DU	11 juillet 2009	Las Vegas, NV
V	20-2	Dan Hardy	DU	27 mars 2010	Newark, NJ
V	21-2	Josh Koscheck	DU	11 décembre 2010	Montréal, QC
V	22-2	Jake Shields	DU	30 avril 2011	Toronto, ON
V	23-2	Carlos Condit	DU	17 novembre 2012	Montréal, QC
V	24-2	Nick Diaz	DU	16 mars 2013	Montréal, QC
V	25-2	Johny Hendricks	DP	16 novembre 2013	Las Vegas, NV
V	26-2	Michael Bisping	S	4 novembre 2017	New York, NY

LÉGENDE

V : Victoire	DU : Décision unanime	S : Soumission
D : Défaite	DP : Décision partagée	TKO : K.-O. technique

CHRONOLOGIE

1981	*Le 19 mai, naissance de Georges St-Pierre à Saint-Isidore, sur la Rive-Sud (Montréal).*
1984	Le 8 mai, l'Union des républiques socialistes soviétiques (URSS) annonce son choix de ne pas envoyer de contingent aux Jeux olympiques d'été de 1984, à Los Angeles. Ce choix de l'URSS est une réplique au boycottage des États-Unis aux Jeux olympiques de 1980 à Moscou. D'autres pays communistes comme la Pologne, la Corée du Nord et Cuba décident également de ne pas envoyer de délégation.
1986	Les Canadiens de Montréal remportent la 23e Coupe Stanley de leur histoire. Un jeune gardien de 20 ans du nom de Patrick Roy remporte le titre de joueur par excellence des séries. Lors de ce parcours éliminatoire, le Tricolore remporte un impressionnant total de 10 victoires en prolongation.
1988	*Georges est initié au karaté par son père, Roland.*
1993	*Le 12 novembre, Georges a le coup de foudre pour les arts martiaux mixtes en voyant Royce Gracie remporter le tout premier évènement de l'UFC.*
1993	Les Canadiens de Montréal soulèvent la 24e coupe Stanley de leur histoire. La Sainte Flanelle ne s'incline que quatre fois lors de ce parcours éliminatoire.
1994	Le 12 août, un conflit de travail au sein de la Ligue majeure de baseball pousse l'Association des joueurs à déclencher une grève. Au moment du conflit, les Expos de Montréal présentent un dossier de 74-40, soit le meilleur de tout le baseball majeur. La fin du calendrier régulier, les séries éliminatoires et la Série mondiale sont annulées.

1996 Montréal retrouve son équipe de football professionnel, les Alouettes, après un exil infructueux de 10 ans.

1997 *Georges fait la rencontre de Kristof Midoux.*

1997 Le pilote québécois Jacques Villeneuve est couronné champion du monde en Formule 1 avec l'écurie Williams-Renault.

2002 *Le 25 janvier, Georges effectue ses débuts professionnels dans les arts martiaux mixtes. Il l'emporte par arrêt de l'arbitre contre Ivan Menjivar à Montréal.*

2002 Pour la première fois en 50 ans, le Canada remporte la médaille d'or en hockey masculin lors des Jeux olympiques de Salt Lake City. Cette victoire historique est acquise aux dépens des États-Unis.

2004 *Le 31 janvier, Georges obtient sa première chance au sein de l'Ultimate Fighting Championship (UFC). Il décroche une victoire par décision unanime des juges contre Karo Parisyan à Las Vegas.*

2004 Le 3 octobre, les partisans de baseball montréalais disent au revoir aux Expos. Faute de financement, l'équipe déménage à Washington pour la saison suivante.

2004 *Le 22 octobre, Georges dispute son premier combat de championnat du monde contre Matt Hughes. Le titre des poids mi-moyens lui échappe au premier round. Il s'agit de son premier revers dans l'UFC.*

2005 Avec le 5e choix au repêchage de la Ligue nationale de hockey, les Canadiens de Montréal repêchent un jeune gardien de but talentueux du nom de Carey Price.

2006 ***Le 18 novembre, après cinq victoires consécutives, Georges obtient sa revanche contre Matt Hughes.***

2007 ***Le 7 avril, Georges perd sa ceinture de champion dès sa première défense de titre. L'Américain Matt Serra l'emporte par K.-O. au premier round.***

2007 ***Le 29 décembre, Georges affronte Matt Hughes pour une troisième fois.***

2008 ***Le 19 avril, Georges soulève la foule du Centre Bell en redevenant champion du monde des poids mi-moyens.***

2011 ***Le 30 avril, Georges dispose de Jake Shields pour sa sixième défense de titre d'affilée.***

2011 Le 3 juillet, le receveur Russell Martin est invité au match des étoiles dans la Ligue majeure de baseball pour la troisième fois de sa carrière. Il représente les Yankees de New York.

2012 ***Le 17 novembre, 19 mois après avoir livré son dernier combat dans l'UFC, Georges effectue un retour triomphal en défaisant Carlos Condit par décision unanime des juges. Le combat a lieu au Centre Bell.***

2013 ***Le 16 mars, Georges défend avec succès sa ceinture contre Nick Diaz.***

2013 ***Le 16 novembre, Georges remporte dans la controverse son duel contre Johny Hendricks.***

2013 ***Le 13 décembre, Georges annonce qu'il prend une pause pour une période indéterminée.***

2016 Le 22 juin, la Ligue nationale de hockey annonce l'arrivée des Golden Knights dans ses rangs.

2016 À 16 ans, la nageuse Penny Oleksiak devient la première athlète canadienne à remporter quatre médailles au cours des mêmes Jeux olympiques d'été. Elle décroche une médaille d'or, une d'argent et deux de bronze à Rio, au Brésil.

2017 ***Le 18 février, Georges indique, après un retrait de trois ans, qu'il revient dans l'octogone.***

2017 Le 2 juillet, Carey Price signe une prolongation de contrat de huit ans d'une valeur de 84 millions de dollars avec les Canadiens de Montréal. Cette entente fait du gardien le joueur le mieux payé dans la longue histoire de l'équipe.

2017 ***Le 4 novembre, Georges l'emporte par soumission contre Michael Bisping au Madison Square Garden, à New York. En remportant le titre des poids moyens de l'UFC, il devient le quatrième combattant de l'organisation à être champion dans deux divisions différentes.***

2018 À sa première participation aux Jeux olympiques, la Québécoise Kim Boutin décroche trois médailles – une d'argent et deux de bronze – en patinage de vitesse courte piste. Cette performance à PyeongChang, en Corée du Sud, lui vaut l'honneur d'être porte-drapeau lors de la cérémonie de clôture pour le Canada.

MÉDIAGRAPHIE

Archives du *Journal de Montréal*, de *La Presse* et de Radio-Canada.

GSP – L'ADN d'un champion [Film documentaire]. Réalisateurs : Kristian Manchester et Peter Svatek, Canada, Triplex Films, Jimmy Lee et Upside Up Media Group, 2014.

KINGSLEY, Justin. *Le sens du combat*, Montréal, Flammarion Québec, 2013, 256 p.

The Striking Truth [Film documentaire]. Producteur : Steven J. Wong. Auteurs : James Hergott et Jasper Sidhu. États-Unis, Bobby Razak Films, Owned Entertainment et Qi Productions, 2010.

Articles en ligne

BÉLAND, Gabriel. « GSP prend une pause et abandonne sa ceinture », *La Presse*, 13 décembre 2013. https://bit.ly/2J0mijH

CAMPBELL, Morgan. « The man behind Georges St-Pierre's success », *The Star*, 26 avril 2011. https://bit.ly/2x0iIRK

GUAY, Jonathan. « “J’aurais offert un combat revanche à Hendricks” – GSP », *Le Journal de Montréal,* 2 décembre 2015. https://bit.ly/2IC18sQ

GUAY, Jonathan. « 4 raisons pour lesquelles l’UFC perd des combattants », *Le Journal de Montréal,* 25 octobre 2016. https://bit.ly/2rYStGm

LÉVESQUE, DAVE. « Aux portes de l’histoire », *Le Journal de Montréal,* 4 novembre 2017. https://bit.ly/2kjVInz

LES COLLABORATEURS

Avant même de savoir lire, écrire ou même parler, **Jonathan Guay** savait qu'il voulait devenir journaliste sportif. Ceinture noire et ex-champion canadien de taekwondo, il a complété un baccalauréat en communication à l'Université d'Ottawa, où il a porté les couleurs de l'équipe de football, les GeeGees. Recruté par l'équipe du *Journal de Montréal,* il a couvert pendant deux ans les activités des différentes équipes sportives montréalaises, affecté entre autres à la couverture quotidienne des Alouettes. Depuis 2017, il est producteur au contenu et collaborateur à l'émission du retour au 91,9 Sports. Tous les jours, il réalise son rêve d'enfance.

François Couture dessine depuis qu'il est tout jeune. À 13 ans, il suivait déjà des ateliers destinés aux adultes, pour apprendre à reproduire des modèles vivants. Grâce à une formation en arts plastiques et en graphisme, il a pu transformer son talent en métier. Son style d'illustration, à la fois réaliste et parfois apparenté à la bande dessinée, est aujourd'hui apprécié de ses nombreux clients, principalement en publicité, mais aussi dans le domaine du spectacle et des grands évènements d'envergure internationale.

REMERCIEMENTS

Tout d'abord, je veux remercier mes parents en or, Bruno et Linda. Si je signe mon premier livre aujourd'hui, c'est grâce à vous. Vous m'avez donné tous les outils nécessaires pour croire en moi et réaliser mes rêves.

Ensuite, un merci tout spécial à mon mentor, Réjean Tremblay. L'élève ne pourrait pas demander un meilleur maître. Je tâcherai de toujours être à la hauteur de ta confiance.

Et finalement, Julie, ce livre est pour toi. Sans toi, rien de tout ça n'aurait été possible. Tu ne comptes pas les sacrifices, tu maintiens l'ordre dans notre vie et tu m'acceptes comme je suis. Tu donnes un sens à tout et je t'en remercie. La plus forte, c'est toi.

TABLE DES MATIÈRES

DANS LA MÊME COLLECTION

RACONTE-MOI
CÉLINE DION

RACONTE-MOI
MAX
PACIORETTY

RACONTE-MOI
DIDIER DROGBA

RACONTE-MOI
LE MÉTRO DE
MONTRÉAL

RACONTE-MOI
LES ALOUETTES

RACONTE-MOI
P.K. SUBBAN

RACONTE-MOI
MARTIN MATTE

RACONTE-MOI
LES SŒURS
DUFOUR-LAPOINTE

RACONTE-MOI
L'EXPO 67

RACONTE-MOI
MONTRÉAL

RACONTE-MOI
PIERRE LAVOIE

RACONTE-MOI
YAN ENGLAND

RACONTE-MOI
JEAN BÉLIVEAU

RACONTE-MOI
RUSSELL MARTIN

RACONTE-MOI
LA BATAILLE
DES PLAINES
D'ABRAHAM

Patrick Delisle-Crevier
RACONTE-MOI
XAVIER DOLAN

RACONTE-MOI
MARIE-PHILIP
POULIN

RACONTE-MOI
FÉLIX LECLERC

RACONTE-MOI
LES EXPOS

RACONTE-MOI
LANCE STROLL

RACONTE-MOI
SHEA WEBER

RACONTE-MOI
CHANTAL
PETITCLERC

RACONTE-MOI
KENT NAGANO

RACONTE-MOI
DAVID
SAINT-JACQUES

Suivez-nous sur le Web

Consultez nos sites Internet et inscrivez-vous à l'infolettre pour rester informé en tout temps de nos publications et de nos concours en ligne. Et croisez aussi vos auteurs préférés et notre équipe sur nos blogues !

EDITIONS-PETITHOMME.COM
EDITIONS-HOMME.COM
EDITIONS-JOUR.COM
EDITIONS-LAGRIFFE.COM
RECTOVERSO-EDITEUR.COM
QUEBEC-LIVRES.COM
EDITIONS-LASEMAINE.COM

FSC www.fsc.org
RECYCLÉ
Papier fait à partir de matériaux recyclés
FSC® C103567

Imprimé chez Marquis Imprimeur inc.
sur du Rolland Enviro, contenant 100%
de fibres postconsommation, fabriqué à partir d'énergie biogaz
et certifié FSC®, ÉCOLOGO, Procédé sans chlore et
Garant des forêts intactes.

PERMANENT 100% BIO GAZ ÉNERGIE Garant des forêts intactes[MC]